PODSTAWOWY PRZEWODNIK PO GOTOWANIU ŁOSOSIA

90 PRZEPISÓW NA ŁOSOSA Z GRILLA, PIECZONEGO, PIECZONEGO I SMAŻONEGO

Wiktoria Olszewska

Wszelkie prawa zastrzeżone.

Zastrzeżenie

Informacje zawarte w tym eBooku mają służyć jako kompleksowy zbiór strategii, na temat których autor tego eBooka przeprowadził badania. Streszczenia, strategie, porady i triki są zalecane wyłącznie przez autora, a przeczytanie tego eBooka nie gwarantuje, że uzyskane wyniki będą dokładnie odzwierciedlać wyniki autora. Autor eBooka dołożył wszelkich starań, aby zapewnić czytelnikom eBooka aktualne i dokładne informacje. Autor i jego współpracownicy nie ponoszą odpowiedzialności za jakiekolwiek niezamierzone błędy lub pominięcia, które mogą zostać znalezione. Materiał zawarty w eBooku może zawierać informacje pochodzące od osób trzecich. Materiały obce obejmują opinie wyrażone przez ich właścicieli. W związku z tym autor eBooka nie ponosi odpowiedzialności za jakiekolwiek materiały lub opinie osób trzecich.

EBook objęty jest prawami autorskimi © 2023, wszelkie prawa zastrzeżone. Rozpowszechnianie, kopiowanie lub tworzenie dzieł pochodnych na podstawie tego eBooka w całości lub w części jest nielegalne. Żadna część tego raportu nie może być powielana ani retransmitowana w jakiejkolwiek formie bez pisemnej i podpisanej zgody autora.

SPIS TREŚCI

SPIS TREŚCI..3
WSTĘP..6
1. Japońska miska z łososiem...7
2. Japońskie fantazyjne teriyaki..9
3. Onigiri..11
4. Japońskie kawałki łososia i ogórka...13
5. Miski do ramenu Teriyaki...15
6. Lunchowa sałatka z łososiem..18
7. Łosoś w pesto...20
8. Wędzony łosoś i serek śmietankowy na tościе......................23
9. Wędzony łosoś i serek śmietankowy na tościе......................25
10. Łosoś na tościе z jajkiem w koszulce...................................27
11. Okład śniadaniowy z łososiem i jajkiem...............................30
12. Kremowe kawałki łososia ziemniaczanego..........................32
13. Dip z wędzonego łososia..34
14. Przekąskowe kanapki z łososiem wędzonym......................36
15. Pieczone krokiety z łososia..38
16. Paczki z pieczonym łososiem...40
17. Przystawka z czarnej fasoli i łososia....................................42
18. Roladki z łososiem..44
19. Magiczny pieczony łosoś..46
20. Łosoś z granatem i komosą ryżową.....................................48
21. Pieczony łosoś i słodkie ziemniaki.......................................50
22. Pieczony łosoś z sosem z czarnej fasoli..............................53
23. Łosoś grillowany paprykowo ze szpinakiem.......................55
24. Łosoś Teriyaki z warzywami...57
25. Łosoś po azjatycku z makaronem..60
26. Łosoś gotowany w bulionie pomidorowo-czosnkowym....62
27. Gotowany łosoś..65
28. Łosoś gotowany z salsą z zielonych ziół.............................67
29. Łosoś gotowany z kleistym ryżem.......................................69
30. Filet z łososia cytrusowego..72
31. Lasagne z łososiem...74
32. Filety z łososia teriyaki..77
33. Łosoś w chrupiącej skórce z dressingiem kaparowym......79
34. Filet z łososia z kawiorem..81

35. Steki z łososia z grilla z anchois 84
36. Łosoś grillowany dymem BBQ 86
37. Łosoś grillowany na węglu drzewnym i czarna fasola 88
38. Łosoś alaskański grillowany w petardach 90
39. Łosoś z grilla na błysk 92
40. Makaron z grillowanym łososiem i tuszem kalmarów 94
41. Łosoś z grillowaną cebulą 96
42. Łosoś z deski cedrowej 99
43. Łosoś wędzony czosnkowy 101
44. Grillowany łosoś ze świeżymi brzoskwiniami 103
55. Sałatka z grillowanym łososiem imbirowym 105
56. Łosoś z grilla z sałatką z kopru włoskiego 108
57. Grillowany łosoś z ziemniakami i rzeżuchą 110
58. Łososiowe vina olki 113
59. Szaszłyki z łososia i borowików 115
60. Grillowany dziki łosoś królewski 117
61. Steki z łososia w syropie klonowym 119
62. Zupa z łososia i kukurydzy 121
63. Łosoś peklowany w koperku 123
64. Saute ze świeżego łososia atlantyckiego 125
65. Łosoś z grilla z pancettą 127
66. Pikantny rosół kokosowy z łososiem 129
67. Chinook z rzeki Kolumbii 131
68. Łosoś pieczony w piekarniku i warzywa 133
69. Łosoś w glazurze sojowo-miodowej 135
70. Pikantna zupa z łososiem i makaronem 137
71. Łosoś gotowany z salsą z zielonych ziół 139
72. Łosoś w glazurze miodowo-musztardowej 141
73. Łosoś chrzanowy 143
74. Ciepła sałatka z łososiem i ziemniakami 145
75. Łosoś w jednym garnku z ryżem i groszkiem 147
76. Łosoś pieczony w czosnku z pomidorami i cebulą 149
77. Pieczony łosoś z sosem z czarnej fasoli 151
78. Ciastka rybne z łososiem i ryżem warzywnym 153
79. Łosoś sojowy imbirowy 156
80. Łosoś z sosem kokosowym chili 158
81. Łosoś grillowany paprykowo ze szpinakiem 160
82. Łosoś Teriyaki z warzywami 162

83. Grillowany łosoś ze świeżymi brzoskwiniami 165
84. Łosoś z Kremowym Pesto 167
85. Sałatka z łososiem i awokado 169
86. Zupa warzywna z łososia 171
87. Kremowy makaron z wędzonym łososiem 173
88. Czerniony łosoś z mieszanym ryżem warzywnym 175
89. Łosoś imbirowy z salsą z melona spadziowego 178
90. Łosoś po azjatycku z makaronem 180
91. Ryż cytrynowy z smażonym łososiem 182
92. Sałatka z makaronem z łososiem i awokado z Alaski 185
93. Kanapka z sałatką z łososia z Alaski 187
94. Sałatka z wędzonym łososiem, ogórkiem i makaronem 189
95. Karmelizowany łosoś na ciepłej sałatce ziemniaczanej 191
96. Sałatka z zastygłego łososia 193
97. Fajna sałatka dla miłośników łososia 195
98. Sałatka z koperkiem i łososiem 197
99. Łosoś z chrupiącymi ziołami i sałatką orientalną 199
100. Sałatka z łososia wyspowego 201
WNIOSEK **203**

WSTĘP

Łosoś to tłusta ryba, którą zwykle klasyfikuje się według oceanu, w którym się znajduje. Na Pacyfiku zalicza się je do rodzaju Oncorhynchus, a na Atlantyku do rodzaju Salmo. Istnieje tylko jeden wędrowny gatunek atlantycki, ale istnieje pięć gatunków łososia pacyficznego: Chinook (lub król), sockeye (lub czerwony), coho (lub srebrny), różowy i kumpel.

Witamina B12 zawarta w łososiu utrzymuje prawidłowe działanie krwi i komórek nerwowych oraz pomaga w tworzeniu DNA. Ale jeśli chodzi o zdrowie, prawdziwym pięknem łososia jest bogactwo kwasów tłuszczowych omega-3. Większość kwasów omega-3 to „niezbędne" kwasy tłuszczowe. Twoje ciało nie jest w stanie ich wytworzyć, ale odgrywają w nim kluczową rolę.

1. <u>Japońska miska z łososiem</u>

Wielkość porcji: 4

Składniki:

- Sos chili, jedna łyżeczka
- Sos sojowy, jedna łyżeczka
- Ryż, dwie szklanki
- Olej sezamowy, jedna łyżka stołowa
- Imbir, dwie łyżki
- Sól i pieprz do smaku
- Nasiona sezamu, jedna łyżeczka
- Ocet, jedna łyżeczka
- Rozdrobnione nori, według uznania
- Łosoś, pół funta
- Szatkowana kapusta, jedna szklanka

Wskazówki:

a) W dużym garnku umieść ryż, trzy szklanki wody i pół łyżeczki soli, zagotuj i gotuj przez piętnaście minut lub do momentu wchłonięcia wody.

b) W misce umieść ocet, sos sojowy, sos chili, olej sezamowy, nasiona sezamu i imbir i dobrze wymieszaj.

c) Dodaj łososia i delikatnie mieszaj, aż całkowicie się nim pokryje.

d) Do miski włóż posiekaną kapustę i olej sezamowy i mieszaj, aż składniki dobrze się połączą.

e) Do każdej miski włóż dużą łyżkę ryżu, dodaj kapustę i wyciśnij majonez.

2. Japońskie fantazyjne teriyaki

Składniki
- 2 funty łososia
- 3 łyżki posiekanej zielonej cebuli
- 2 łyżki sezamu czarnego i białego
- ½ szklanki oliwy z oliwek z pierwszego tłoczenia
- Sos Teriyaki
- 4 łyżki sosu sojowego
- 1 szklanka mirinu
- 2 ½ szklanki. Cukier

Wskazówki

a) Przygotuj sos teriyaki, dodaj wszystkie składniki pod nagłówkiem do rondla i gotuj na małym ogniu, aż zgęstnieje. Zdjąć z ognia i ustawić do ostygnięcia

b) Na patelnię z powłoką nieprzywierającą wlej odrobinę oleju i włóż na nią łososia. przykryj patelnię i smaż łososia na umiarkowanym ogniu, aż będzie równomiernie brązowy.

c) Przełóż na talerz i polej sosem teriyaki

d) I udekoruj białymi ziarnami sezamu i posiekaną zieloną cebulą

3. Onigiri

Wielkość porcji: 3

Składniki:

- Arkusz Nori, według uznania
- Umeboshi, jeden
- Sos sojowy, pół łyżeczki
- Mirin, pół łyżeczki
- Tuńczyk, jedna filiżanka
- Majonez japoński, dwie łyżki
- Solony łosoś, jeden kawałek
- Ugotowany ryż, dwie filiżanki

Wskazówki:

a) Ugotuj ryż zgodnie ze swoim urządzeniem do gotowania ryżu lub, jeśli go nie masz, postępuj zgodnie ze wskazówkami tutaj.
b) Ugotowany ryż przełożyć do osobnej miski, aby go ostudzić.
c) Przygotuj wszystkie nadzienia, których będziesz używać i odłóż na bok.
d) Przygotuj arkusz wodorostów.
e) Umieść folię spożywczą na misce z ryżem.
f) Połóż trochę ugotowanego ryżu na środku folii spożywczej.
g) Połóż około 1 łyżeczkę umeboshi na środku ryżu, a następnie przykryj ryżem.
h) Owiń ryż folią spożywczą, ściśnij i uformuj ryż rękoma w trójkąt.
i) Zdejmij folię spożywczą i przykryj spód trójkąta ryżowego arkuszem nori.
j) Twoje danie jest gotowe do podania.

4. Japońskie kawałki łososia i ogórka

Składniki
- 1 ogórek. Odważnie pokrojone
- Pół kilo filetu z łososia
- 1 ¼ łyżeczki sosu sojowego
- 2 łyżki szalotki. Drobno posiekane
- 1 łyżeczka mirinu
- 1 Ichimi togarashi (japońska papryczka chili)
- 1 łyżeczka oleju sezamowego
- ½ łyżeczki czarnego sezamu

Wskazówki
a) W małej misce wymieszaj łososia, sos sojowy, szalotki, olej sezamowy i mirin.
b) Na półmisku ułożyć plasterki ogórka, nałożyć łyżkę łososia i posypać pozostałą dymką i ziarnami sezamu

5. Miski do ramenu Teriyaki

Porcje: 6

Składniki
- 1 1/2 funta filetów z łososia, ze skórą i ości, solą i czarnym pieprzem
- 5 łyżek marynaty teriyaki
- olej roślinny do nacierania
- 2 łyżki czerwonego octu winnego
- 1/4 C. słodki sos chili
- 6 łyżek azjatyckiego sosu rybnego
- 3 łyżki świeżego imbiru, startego
- 1 funt makaronu soba
- 1 łyżka granulatu bulionowego instant
- 1/2 C. cebuli, pokrojonej w cienkie plasterki
- 1 1/2 C. Szpinak
- 1 łyżka nasion sezamu, prażonych

Wskazówki
a) Filety z łososia posyp odrobiną soli i pieprzu.
b) Przygotuj dużą torbę zamykaną na zamek: połącz w niej filety z łososia z marynatą teriyaki. Zamknij torebkę i potrząśnij nią, aby się pokryła. Aby zrobić sos chili:
c) Przygotuj małą miskę do miksowania: wymieszaj w niej ocet, sos chili, sos rybny i imbir. Odłóż go na bok.
d) Makaron przygotować według przepisu na opakowaniu, bez opakowania z przyprawami.
e) Wyjmij filety z łososia z marynaty i posmaruj je odrobiną oleju.
f) Postaw dużą patelnię na średnim ogniu i podgrzej ją. Smaż w nim filet z łososia przez 3 do 4 minut z każdej strony.
g) Na patelnię wlej połowę marynaty z łososia i nią ją pokryj.
h) Odłóż je na bok na 6 minut.
i) Łososia pokroić na kawałki, następnie dodać do niego szpinak ze szczyptą soli i pieprzu. Gotuj je przez 2 do 3 minut.

j) Postaw duży rondel na średnim ogniu. Zagotuj w nim 6 stopni wody, aż zaczną wrzeć. Dodaj do tego bulion w proszku i kawałki białej cebuli.

k) Zmniejsz ogień i odłóż garnek na bok, aby przygotować bulion.

l) Odcedź makaron i przełóż go do misek. Zalewamy gorącym bulionem i posypujemy filetami z łososia. Cieszyć się.

6. Sałatka obiadowa z łososiem

Porcje: 3

Składniki:
- 1 szklanka łososia w puszkach, w płatkach
- 1 łyżka soku z cytryny
- 3 łyżki jogurtu beztłuszczowego
- 2 łyżki posiekanej czerwonej papryki
- 1 łyżeczka kaparów, odsączonych i posiekanych
- 1 łyżka czerwonej cebuli, posiekanej
- 1 łyżeczka koperku, posiekanego
- Szczypta czarnego pieprzu
- 3 kromki chleba pełnoziarnistego

Wskazówki:
a) W misce wymieszaj łososia z sokiem z cytryny, jogurtem, papryką, kaparami, cebulą, koperkiem i czarnym pieprzem i dobrze wymieszaj.
b) Rozłóż to na każdej kromce chleba i podawaj na lunch.

7. Łosoś w Pesto

Wydajność: 4 porcje
Składniki
- 4 (3 uncje) filety z łososia bez skóry
- 1 pęczek szparagów, odcięte końcówki
- 2 łyżeczki oliwy z oliwek
- 1/2 łyżeczki czarnego pieprzu, podzielone
- 4 łyżeczki świeżego soku z cytryny, podzielone
- 1 litr pomidorów winogronowych, przekrojonych na pół

PESTO
- 1/2 szklanki pakowanych świeżych liści bazylii
- 1 łyżeczka surowych, łuskanych nasion słonecznika
- 1 łyżka startego parmezanu
- 1 ząbek czosnku, posiekany
- 1/16 łyżeczki soli
- 1/16 łyżeczki czarnego pieprzu
- 2 łyżki oliwy z oliwek

Wskazówki:

a) Rozgrzej piekarnik do 400 stopni Fahrenheita. 4 x 14-calowe paski folii aluminiowej
b) Zrób sos pesto. Połącz bazylię, nasiona słonecznika, parmezan, czosnek, sól i 1/16 łyżeczki pieprzu w robocie kuchennym.
c) Miksuj, aż wszystkie składniki zostaną połączone, a bazylia zostanie grubo posiekana. Podczas gdy robot kuchenny pracuje, wlej 2 łyżki oliwy z oliwek do mieszanki, aż sos będzie gładki.
d) Dodaj 2 łyżeczki oliwy z oliwek i 1/4 łyżeczki pieprzu do szparagów i dobrze wymieszaj. Dopraw łososia z obu stron pozostałą 1/4 łyżeczki pieprzu.
e) Połóż ćwiartkę szparagów na arkuszu folii. 1 filet z łososia na wierzchu Skrop rybę 1 łyżeczką soku z cytryny i posmaruj 1 łyżką pesto.
f) Na łososia połóż 1/4 szklanki przekrojonych na pół pomidorów. Owiń folią boki, zwiń i zaciśnij krawędzie, zostawiając wolną przestrzeń na górze paczki.
g) Powtórz tę czynność z pozostałymi składnikami, aby uzyskać w sumie cztery paczki łososia.
h) Ułożyć obok siebie na blasze do pieczenia i piec przez 15-18 minut lub do momentu, aż łosoś będzie ugotowany. Cieszyć się!

8. Wędzony łosoś i serek śmietankowy na grzance

Składniki:
- 8 kromek francuskiej bagietki lub chleba żytniego
- ½ szklanki miękkiego serka śmietankowego
- 2 łyżki białej cebuli, pokrojonej w cienkie plasterki
- 1 szklanka wędzonego łososia, pokrojonego w plasterki
- ¼ szklanki masła, odmiana niesolona
- ½ łyżeczki przyprawy włoskiej
- Liście koperku, drobno posiekane
- Sól i pieprz do smaku

Wskazówki:

a) Na małej patelni rozpuść masło i stopniowo dodawaj przyprawę włoską. Rozłóż mieszaninę na kromkach chleba.
b) Opiekaj je przez kilka minut za pomocą tostera.
c) Na tostowym pieczywie posmaruj odrobiną serka śmietankowego. Następnie połóż wędzonego łososia i cienkie plasterki czerwonej cebuli. Powtarzaj proces, aż wykorzystasz wszystkie tostowe kromki chleba.
d) Przełóż na półmisek i udekoruj drobno posiekanymi listkami koperku.

9. Wędzony łosoś i serek śmietankowy na grzance

Porcje: 5 porcji

Składniki
- 8 kromek francuskiej bagietki lub chleba żytniego
- ½ szklanki miękkiego serka śmietankowego
- 2 łyżki białej cebuli, pokrojonej w cienkie plasterki
- 1 szklanka wędzonego łososia, pokrojonego w plasterki
- ¼ szklanki masła, odmiana niesolona
- ½ łyżeczki przyprawy włoskiej
- Liście koperku, drobno posiekane
- Sól i pieprz do smaku

Wskazówki:
a) Na małej patelni rozpuść masło i stopniowo dodawaj przyprawę włoską. Rozłóż mieszaninę na kromkach chleba.
b) Opiekaj je przez kilka minut za pomocą tostera.
c) Na tostowym pieczywie posmaruj odrobiną serka śmietankowego. Następnie połóż wędzonego łososia i cienkie plasterki czerwonej cebuli. Powtarzaj proces, aż wykorzystasz wszystkie tostowe kromki chleba.
d) Przełóż na półmisek i udekoruj drobno posiekanymi listkami koperku.

10. Łosoś na toście z jajkiem w koszulce

Składniki
- 2 filety z łososia
- 1 pęczek szparagów, przyciętych
- 2 grube kromki chleba tostowego na zakwasie, świeżo pokrojone
- 2 jaja z wolnego wybiegu

Wskazówki:

a) Wyjmij filety z zewnętrznej torebki, a następnie (kiedy są zamrożone i nadal w osobnych torebkach), umieść filety na patelni i zalej zimną wodą. Doprowadzić do wrzenia i gotować na wolnym ogniu przez 15 minut.

b) Po ugotowaniu wyjmij filety z łososia z woreczków i połóż na talerzu, a następnie złóż naczynie.

c) Podczas gdy łosoś się gotuje, przygotuj sałatkę holenderską. Postaw żaroodporną szklaną miskę na rondlu, który do połowy napełniłeś wodą i doprowadzaj do delikatnego wrzenia na małym ogniu. Teraz rozpuść masło w osobnym małym rondelku i zdejmij z ognia.

d) Do miski z ciepłą wodą włóż oddzielone żółtka i zacznij ubijać, stopniowo dodając ocet winny. Kontynuuj ubijanie, a następnie dodaj roztopione masło. Mieszanka połączy się, tworząc cudownie gładki, gęsty sos. Jeśli sos wydaje się zbyt gęsty, dodaj kilka kropel soku z cytryny. Lekko dopraw odrobiną soli i odrobiną świeżo zmielonego czarnego pieprzu.

e) Napełnij patelnię wrzącą wodą z czajnika i gotuj na wolnym ogniu na średnim ogniu, dodając szczyptę soli morskiej. Wbij jajka pojedynczo do miseczek, a następnie zamieszaj wodę, aby się rozpuściła, zanim dodasz jajka, jedno po drugim.

f) Pozostawić do ugotowania – 2 minuty w przypadku jajka miękkiego, 4 minuty w przypadku twardszego. Wyjmować z patelni łyżką cedzakową do odsączenia. Następnie włóż osiem pędów szparagów do garnka z wrzącą wodą i gotuj przez 1-1,5 minuty, aż będą miękkie. W międzyczasie włóż tosty, aby się usmażyły.

g) Posmaruj tost masłem i połóż na nim szparagi, następnie jajko w koszulce, łyżkę lub dwie sera holenderskiego i na koniec gotowany filet z łososia.

h) Doprawić szczyptą soli morskiej i mielonym czarnym pieprzem i natychmiast zjeść!

11. Wrap śniadaniowy z łososiem i jajkiem

Serwuje: 1

Składniki
- 2 duże jaja lwa brytyjskiego, ubite
- 1 łyżka posiekanego świeżego koperku lub szczypiorku
- Szczypta soli i świeżo zmielonego czarnego pieprzu
- Odrobina oliwy z oliwek
- 2 łyżki beztłuszczowego jogurtu greckiego
- Trochę otartej skórki i wyciśnięty sok z cytryny
- 40 g wędzonego łososia, pokrojonego w paski
- Garść sałatki z rzeżuchy, szpinaku i liści rukoli

Wskazówki:
a) W dzbanku ubić jajka, zioła, sól i pieprz. Rozgrzej patelnię z powłoką nieprzywierającą, dodaj olej, następnie wlej jajka i smaż przez minutę lub do momentu, aż jajko na wierzchu się zetnie.

b) Odwróć się i smaż przez kolejną minutę, aż podstawa będzie złocista. Przełożyć na deskę do ostygnięcia.

c) Jogurt wymieszać ze skórką i sokiem z cytryny oraz dużą ilością mielonego czarnego pieprzu. Rozłóż wędzonego łososia na opakowaniu z jajkiem, połóż na nim liście i skrop mieszanką jogurtową.

d) Zwiń opakowanie po jajku i zawiń je w papier, podawaj.

12. Kremowe kawałki łososia ziemniaczanego

Porcje: 10 porcji

Składniki:
- 20 młodych czerwonych ziemniaków
- 200 gramów wędzonego łososia, pokrojonego na kawałki wielkości kęsa
- 1 szklanka kwaśnej śmietany
- 1 średnia biała cebula, drobno posiekana
- Sól i pieprz do smaku
- Świeże liście koperku, drobno posiekane

Wskazówki:
a) Zagotuj wodę w dużym garnku, następnie dodaj do garnka 2 łyżki soli. Włóż ziemniaki do garnka i gotuj przez 8-10 minut lub do momentu, aż ziemniaki będą ugotowane.
b) Natychmiast wyjmij ziemniaki z garnka i włóż je do miski. Zalej je zimną wodą, aby zatrzymać proces gotowania. Dobrze odcedź i odłóż na bok.
c) W średniej misce wymieszaj pozostałe składniki. Schładzamy w lodówce przez 5-10 minut.
d) Młode ziemniaki przekrój na pół i zeskrob ze środka ziemniaków. Wrzuć miąższ ziemniaczany do schłodzonej kremowej mieszanki. Dobrze połączyć z resztą składników.
e) Udekoruj ziemniaki kremową mieszanką za pomocą łyżeczki lub rękawa cukierniczego.
f) Przed podaniem posypujemy drobno posiekanymi listkami koperku.

13. Sos z Wędzonego Łososia

Porcje: 4 porcje

Składniki:
- 1 szklanka wędzonego łososia, posiekanego
- 1 szklanka serka śmietankowego, temperatura pokojowa
- ½ szklanki kwaśnej śmietany, odmiana o obniżonej zawartości tłuszczu
- 1 łyżka soku z cytryny, świeżo wyciśniętego
- 1 łyżka posiekanego szczypiorku lub koperku
- ½ łyżeczki ostrego sosu
- Sól i pieprz do smaku
- Do serwowania plastry francuskiej bagietki lub cienkie krakersy pszenne

Wskazówki:
a) W robocie kuchennym lub mikserze elektrycznym dodaj serek śmietankowy, śmietanę, sok z cytryny i ostry sos. Zmiksuj mieszaninę, aż będzie gładka.
b) Przenieść mieszaninę do pojemnika. Dodać posiekanego wędzonego łososia i posiekany szczypiorek, dokładnie wymieszać.
c) Włóż mieszaninę do lodówki na godzinę, a następnie udekoruj większą ilością posiekanego szczypiorku. Podawaj schłodzony krem z łososia z plasterkami bagietki lub cienkimi krakersami.

14. Przekąskowe kanapki z wędzonym łososiem

Wydajność: 1 porcja
Składnik
- 6 uncji serka śmietankowego (zmiękczonego)
- 25 kanapek na bazie pietruszki
- 2 łyżeczki przygotowanej musztardy
- 4 uncje wędzonego łososia

Wskazówki:
a) Wymieszaj serek śmietankowy i musztardę; Rozsmaruj cienko część mieszanki na spodach kanapek.
b) Na każdą kanapkę połóż kawałek łososia, na wierzch połóż pozostałą mieszaninę lub, jeśli chcesz, wyciśnij całą mieszaninę serka śmietankowego wokół podstawy.
c) Każdy z nich posypujemy gałązką natki pietruszki.

15. Pieczone krokiety z łososia

Wydajność: 6 porcji

Składnik
- 2 łyżki masła; zmiękczony
- 1 ½ funta Świeży łosoś; gotowany
- 2 szklanki świeżej bułki tartej
- 1 łyżka szczypiorku
- 1 łyżka świeżego koperku; obcięty
- ½ cytryny; skórka, starta
- 1 jajko
- 1 szklanka gęstej śmietanki
- ½ łyżeczki soli
- ½ szklanki kwaśnej śmietany
- Kawior
- cząstki cytryny

Wskazówki:
a) Płatki łososia włóż do miski.
b) Dodaj ¾ szklanki bułki tartej, szalotkę, koperek, skórkę z cytryny, jajko i śmietanę. Delikatnie wymieszaj widelcem. Doprawić solą, pieprzem i pieprzem cayenne. Posyp pozostałymi łyżkami masła.
c) Ułóż filiżanki w naczyniu do pieczenia. Wlać tyle gorącej wody, aby sięgała do połowy wysokości ramekinów. Piec, aż będzie dość twardy i ustawiony, około 30 minut.
d) Schłodzić przez 5 do 10 minut.
e) Krokiety można wyjąć z formy, prawą stroną do góry lub podać w foremkach. Posmaruj każdy krokiet kwaśną śmietaną i kawiorem lub po prostu udekoruj cytryną.

16. Paczki z pieczonym łososiem

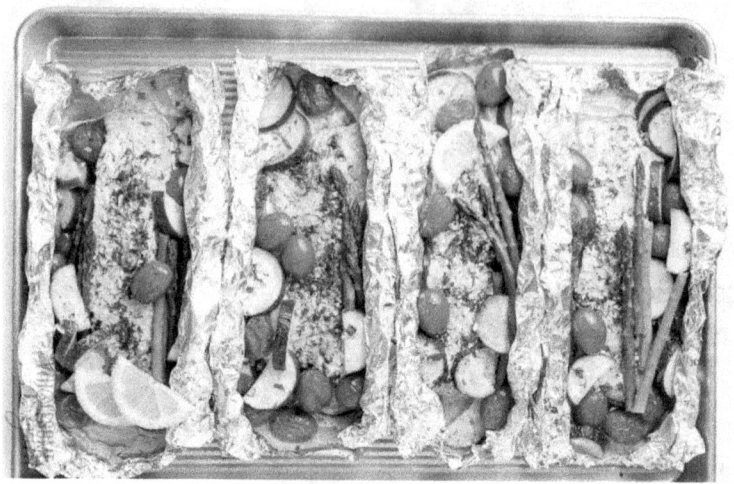

Wydajność: 4 porcje

Składnik
- 4 filety z łososia
- 4 łyżeczki masła
- 8 gałązek tymianku, świeżych
- 8 gałązek pietruszki, świeżej
- 4 ząbki czosnku, posiekane
- 4 łyżki Wino białe wytrawne
- ½ łyżeczki soli
- ½ łyżeczki czarnego pieprzu, mielonego

Wskazówki:
a) Rozgrzej piekarnik do 400 stopni. Połóż 4 duże kawałki folii na powierzchni roboczej, błyszczącą stroną do dołu. Spryskaj wnętrze sprayem do gotowania warzyw. Na każdym kawałku folii ułóż filet rybny. Rozłóż równomiernie tymianek, pietruszkę, czosnek, sól, pieprz i wino pomiędzy rybami.

b) Każdy filet posmaruj łyżeczką masła, a następnie dokładnie złóż i sklej brzegi. Ułóż paczki na blasze do pieczenia i piecz przez 10-12 minut. Ułóż paczki na talerzach i ostrożnie je otwórz.

17. Przystawka z czarnej fasoli i łososia

Składnik
- 8 tortilli kukurydzianych;
- 16 uncji czarnej fasoli kukurydzianej;
- 7 uncji różowego łososia
- 2 łyżki oleju szafranowego
- $\frac{1}{4}$ szklanki świeżego soku z limonki
- $\frac{1}{4}$ szklanki świeżej pietruszki; posiekana
- $\frac{1}{2}$ łyżeczki proszku cebulowego
- $\frac{1}{2}$ łyżeczki soli selerowej
- $\frac{3}{4}$ łyżeczki mielonego kminku
- $\frac{3}{4}$ łyżeczki czosnku; mielony
- $\frac{1}{2}$ łyżeczki skórki z limonki; tarty
- $\frac{1}{4}$ łyżeczki płatków czerwonej papryki; wysuszony
- $\frac{1}{4}$ łyżeczki papryczki chili;

Wskazówki:

a) Nagrzej piekarnik do 350 stopni. Pokrój tortille w trójkąty i opiekaj w piekarniku, aż będą chrupiące, około 5 minut.

b) Połącz fasolę i łososia, rozdrabniając łososia widelcem.

c) Wymieszaj pozostałe składniki; ostudź, żeby smaki się połączyły. Podawać z chipsami tortilla

18. Roladki z łososia

Wydajność: 6 porcji

Składnik

- 6 Łosoś wędzony; cienko pokrojony
- 1 Przygotowane ciasto chlebowe
- 1 jajko; bity
- Zielona cebula; drobno posiekane
- Świeżo mielony pieprz

Wskazówki:

a) Po rozmrożeniu rozwałkuj przygotowane ciasto na 9-calowy okrąg.
b) Wierzch przykryj paskami łososia i dodaj przyprawy.
c) Pokrój okrąg na kliny i każdy z nich ciasno zwiń, zaczynając od zewnętrznej krawędzi. Posmaruj bułkę roztrzepanym jajkiem i piecz w temperaturze 425 stopni przez około 15 minut.
d) Podawać na gorąco jako przystawkę lub do obiadu.

19. Magiczny pieczony łosoś

Na 1 porcję
Składniki
- 1 filet z łososia
- 2 łyżeczki Magii Łososiowej
- Masło niesolone, roztopione

Wskazówki
a) Rozgrzej piekarnik do 450 F.
b) Lekko posmaruj górę i boki filetu z łososia roztopionym masłem. Lekko posmaruj małą blachę do pieczenia roztopionym masłem.
c) Dopraw górę i boki filetu z łososia Salmon Magic. Jeśli filet jest gruby, użyj trochę więcej Salmon Magic. Delikatnie wciśnij przyprawę.
d) Połóż filet na blasze i piecz, aż wierzch będzie złocistobrązowy, a filet będzie po prostu ugotowany. Aby mieć wilgotnego, różowego łososia, nie należy go rozgotować. Natychmiast podawaj.
e) Czas gotowania: 4 do 6 minut.

20. Łosoś z granatem i komosą ryżową

Porcje: 4 porcje

Składniki
- 4 filety z łososia, bez skóry
- ¾ szklanki soku z granatów, bez cukru (lub odmiana o niskiej zawartości cukru)
- ¼ szklanki soku pomarańczowego, bez cukru
- 2 łyżki marmolady/dżemu pomarańczowego
- 2 łyżki czosnku, posiekanego
- Sól i pieprz do smaku
- 1 szklanka komosy ryżowej, ugotowanej zgodnie z opakowaniem
- Kilka gałązek kolendry

Wskazówki:

a) W średniej misce wymieszaj sok z granatów, sok pomarańczowy, marmoladę pomarańczową i czosnek. Dopraw solą i pieprzem i dostosuj smak według upodobań.

b) Rozgrzej piekarnik do 400F. Nasmaruj naczynie do pieczenia miękkim masłem. Połóż łososia na blasze do pieczenia, pozostawiając 1-calową przestrzeń pomiędzy filetami.

c) Gotuj łososia przez 8-10 minut. Następnie ostrożnie wyjmij blachę z piekarnika i wlej mieszaninę granatów. Upewnij się, że wierzch łososia jest równomiernie pokryty mieszanką. Włóż łososia z powrotem do piekarnika i piecz przez kolejne 5 minut lub do momentu, aż będzie całkowicie ugotowany, a mieszanina granatów zamieni się w złotą glazurę.

d) Podczas gdy łosoś się gotuje, przygotuj komosę ryżową. Zagotuj 2 szklanki wody na średnim ogniu i dodaj komosę ryżową. Gotuj przez 5-8 minut lub do momentu wchłonięcia wody. Wyłącz ogień, rozgnieć quinoę widelcem i zamknij pokrywkę. Pozwól, aby pozostałe ciepło gotowało komosę ryżową przez kolejne 5 minut.

e) Przełożyć łososia glazurowanego granatem na półmisek i posypać świeżo posiekaną kolendrą. Podawaj łososia z komosą ryżową.

21. Pieczony łosoś i słodkie ziemniaki

Porcje: 4 porcje

Składniki
- 4 filety z łososia, pozbawione skóry
- 4 średniej wielkości słodkie ziemniaki, obrane i pokrojone w kostkę o grubości 1 cala
- 1 szklanka różyczek brokułów
- 4 łyżki czystego miodu (lub syropu klonowego)
- 2 łyżki marmolady/dżemu pomarańczowego
- 1 1-calowa gałka świeżego imbiru, starta
- 1 łyżeczka musztardy Dijon
- 1 łyżka ziaren sezamu, prażonych
- 2 łyżki roztopionego, niesolonego masła
- 2 łyżeczki oleju sezamowego
- Sól i pieprz do smaku
- Dymka/szalotka, świeżo posiekana

Wskazówki:

a) Rozgrzej piekarnik do 400F. Nasmaruj formę do pieczenia roztopionym, niesolonym masłem.

b) Na patelni ułóż pokrojone w plasterki słodkie ziemniaki i różyczki brokułów. Lekko dopraw solą, pieprzem i łyżeczką oleju sezamowego. Upewnij się, że warzywa są lekko pokryte olejem sezamowym.

c) Piecz ziemniaki i brokuły przez 10-12 minut.

d) Gdy warzywa są jeszcze w piekarniku, przygotuj słodką glazurę. Do miski dodać miód (lub syrop klonowy), dżem pomarańczowy, starty imbir, olej sezamowy i musztardę.

e) Ostrożnie wyjmij blachę do pieczenia z piekarnika i rozłóż warzywa na bok, aby zrobić miejsce dla ryby.

f) Łososia lekko dopraw solą i pieprzem.

g) Połóż filety z łososia na środku formy do pieczenia i polej słodką glazurą łososia i warzywa.

h) Włóż patelnię z powrotem do piekarnika i piecz przez kolejne 8-10 minut lub do momentu, aż łosoś będzie miękki.

i) Przełóż łososia, słodkie ziemniaki i brokuły na ładny półmisek. Udekoruj nasionami sezamu i dymką.

22. Pieczony łosoś z sosem z czarnej fasoli

Porcje: 4 porcje

Składniki
- 4 filety z łososia, usunięto skórę i ości
- 3 łyżki sosu z czarnej fasoli lub sosu z czarnej fasoli i czosnku
- ½ szklanki bulionu z kurczaka (lub bulionu warzywnego jako zdrowszy zamiennik)
- 3 łyżki czosnku, posiekanego
- 1 1-calowa gałka świeżego imbiru, starta
- 2 łyżki sherry lub sake (lub dowolnego wina do gotowania)
- 1 łyżka soku z cytryny, świeżo wyciśniętego
- 1 łyżka sosu rybnego
- 2 łyżki brązowego cukru
- ½ łyżeczki płatków czerwonego chili
- Świeże liście kolendry, drobno posiekane
- Dymka cebulowa jako dekoracja

Wskazówki:
a) Dużą formę do pieczenia natłuszczamy lub wykładamy papierem do pieczenia. Rozgrzej piekarnik do 350F.
b) W średniej misce połącz bulion z kurczaka i sos z czarnej fasoli. Dodajemy przeciśnięty przez praskę czosnek, starty imbir, sherry, sok z cytryny, sos rybny, brązowy cukier i płatki chili. Dokładnie wymieszaj, aż brązowy cukier całkowicie się rozpuści.
c) Filety z łososia polej sosem z czarnej fasoli i poczekaj, aż łosoś całkowicie wchłonie mieszankę czarnej fasoli, przez co najmniej 15 minut.
d) Przełożyć łososia do naczynia do zapiekania. Gotuj przez 15-20 minut. Upewnij się, że łosoś nie wyschnie w piekarniku.
e) Podawać z posiekaną kolendrą i szczypiorkiem.

23. Łosoś Grillowany Paprykowo Ze Szpinakiem

Porcje: 6 porcji

Składniki
- 6 różowych filetów z łososia o grubości 1 cala
- ¼ szklanki soku pomarańczowego, świeżo wyciśniętego
- 3 łyżeczki suszonego tymianku
- 3 łyżki oliwy z oliwek z pierwszego tłoczenia
- 3 łyżeczki słodkiej papryki w proszku
- 1 łyżeczka cynamonu w proszku
- 1 łyżka brązowego cukru
- 3 szklanki liści szpinaku
- Sól i pieprz do smaku

Wskazówki:

a) Lekko posmaruj oliwą z każdej strony filety z łososia, następnie dopraw papryką w proszku, solą i pieprzem. Odstawić na 30 minut w temperaturze pokojowej. Pozwól, aby łosoś wchłonął paprykę.

b) W małej misce wymieszaj sok pomarańczowy, suszony tymianek, cynamon w proszku i brązowy cukier.

c) Rozgrzej piekarnik do 400F. Łososia przełóż do wyłożonej folią blaszki do pieczenia. Wlać marynatę do łososia. Gotuj łososia przez 15-20 minut.

d) Na dużej patelni dodaj łyżeczkę oliwy z oliwek z pierwszego tłoczenia i smaż szpinak przez około kilka minut lub do momentu, aż zwiędnie.

e) Podawaj pieczonego łososia ze szpinakiem na boku.

24. Łosoś Teriyaki Z Warzywami

Porcje: 4 porcje

Składniki
- 4 filety z łososia, usunięto skórę i ości
- 1 duży słodki ziemniak (lub po prostu ziemniak), pokrojony na kawałki wielkości kęsa
- 1 duża marchewka, pokrojona w drobną kostkę
- 1 duża biała cebula, pokrojona w krążki
- 3 duże papryki (zielona, czerwona i żółta), posiekane
- 2 szklanki różyczek brokułów (można zastąpić szparagami)
- 2 łyżki oliwy z oliwek z pierwszego tłoczenia
- Sól i pieprz do smaku
- Dymka, drobno posiekana
- Sos Teriyaki
- 1 szklanka wody
- 3 łyżki sosu sojowego
- 1 łyżka czosnku, posiekanego
- 3 łyżki brązowego cukru
- 2 łyżki czystego miodu
- 2 łyżki skrobi kukurydzianej (rozpuszczonej w 3 łyżkach wody)
- $\frac{1}{2}$ łyżki prażonych nasion sezamu

Wskazówki:
a) Na małej patelni ubić na małym ogniu sos sojowy, imbir, czosnek, cukier, miód i wodę. Mieszaj ciągle, aż mieszanina zacznie powoli się gotować. Dodaj wodę ze skrobi kukurydzianej i poczekaj, aż mieszanina zgęstnieje. Dodaj nasiona sezamu i odłóż na bok.

b) Nasmaruj duże naczynie do pieczenia niesolonym masłem lub sprayem kuchennym. Rozgrzej piekarnik do 400F.

c) Do dużej miski wrzuć wszystkie warzywa i skrop oliwą z oliwek. Dobrze wymieszaj, aż warzywa będą dobrze pokryte olejem. Dopraw świeżo mielonym pieprzem i odrobiną soli.

Przełóż warzywa do naczynia do zapiekania. Rozłóż warzywa na boki i zostaw trochę miejsca na środku naczynia do pieczenia.

d) Połóż łososia na środku naczynia do zapiekania. Do warzyw i łososia wlać 2/3 sosu teriyaki.

e) Piec łososia przez 15-20 minut.

f) Przełóż pieczonego łososia i pieczone warzywa na ładny półmisek. Polać pozostałym sosem teriyaki i udekorować posiekaną dymką.

25. Łosoś w stylu azjatyckim z makaronem

Porcje: 4 porcje

Składniki

Łosoś
- 4 filety z łososia, pozbawione skóry
- 2 łyżki oleju z prażonego sezamu
- 2 łyżki czystego miodu
- 3 łyżki jasnego sosu sojowego
- 2 łyżki białego octu
- 2 łyżki czosnku, posiekanego
- 2 łyżki świeżego imbiru, startego
- 1 łyżeczka prażonych nasion sezamu
- Posiekana cebula dymka do dekoracji

Makaron ryżowy
- 1 opakowanie azjatyckiego makaronu ryżowego

sos
- 2 łyżki sosu rybnego
- 3 łyżki soku z limonki, świeżo wyciśniętego
- Płatki chili

Wskazówki:

a) Do marynaty z łososia połącz olej sezamowy, sos sojowy, ocet, miód, zmielony czosnek i nasiona sezamu. Wlać do łososia i pozostawić rybę do marynowania na 10-15 minut.

b) Łososia ułożyć w naczyniu do zapiekania lekko wysmarowanym oliwą z oliwek. Gotuj przez 10-15 minut w temperaturze 420F.

c) Gdy łosoś jest w piekarniku, ugotuj makaron ryżowy zgodnie z instrukcją na opakowaniu. Dobrze odcedź i przełóż do osobnych misek.

d) Wymieszaj sos rybny, sok z limonki i płatki chili i wlej do makaronu ryżowego.

e) Każdą miskę z makaronem posyp świeżo upieczonymi filetami z łososia. Udekoruj dymką i ziarnami sezamu.

26. Łosoś gotowany w bulionie pomidorowo-czosnkowym

Służy 4

Składniki
- 8 ząbków czosnku
- szalotki
- łyżeczki oliwy z oliwek z pierwszego tłoczenia
- 5 dojrzałych pomidorów
- 1 1/2 szklanki wytrawnego białego wina
- 1 szklanka wody
- 8 gałązek tymianku 1/4 łyżeczki soli morskiej
- 1/4 łyżeczki świeżego czarnego pieprzu
- 4 filety z łososia Copper River Sockeye, oliwa truflowa (opcjonalnie)

Wskazówki

a) Obierz i grubo posiekaj ząbki czosnku i szalotkę. W dużym naczyniu do smażenia lub na patelni z pokrywką włóż oliwę z oliwek, czosnek i szalotkę. Duś na średnim ogniu do miękkości, około 3 minut.

b) Na patelnię włóż pomidory, wino, wodę, tymianek, sól i pieprz i zagotuj. Po zagotowaniu zmniejsz ogień do małego i przykryj.

c) Gotuj na wolnym ogniu przez 25 minut, aż pomidory pękną i wypuszczą sok. Drewnianą łyżką lub szpatułką rozdrobnij pomidory na miąższ. Gotuj bez przykrycia przez kolejne 5 minut, aż bulion nieco się zredukuje.

d) Gdy bulion wciąż się gotuje, włóż do niego łososia. Przykryj i gotuj przez 5 do 6 minut, aż ryba będzie łatwo się łuszczyć. Połóż rybę na talerzu i odłóż na bok. Do dużej miski włóż sitko i na sitko wlej pozostały bulion. Odcedź bulion, usuwając pozostałości, które pozostały. Posmakuj bulionu i w razie potrzeby dodaj sól i pieprz.

e) Proste puree ziemniaczane z masłem, a nawet pieczone ziemniaki są dobrym dodatkiem do tego posiłku. Następnie połóż smażone szparagi i gotowanego łososia.

f) Przecedzonym bulionem polej łososia. W razie potrzeby dodaj odrobinę białej oliwy truflowej. Podawać.

27. Gotowany łosoś

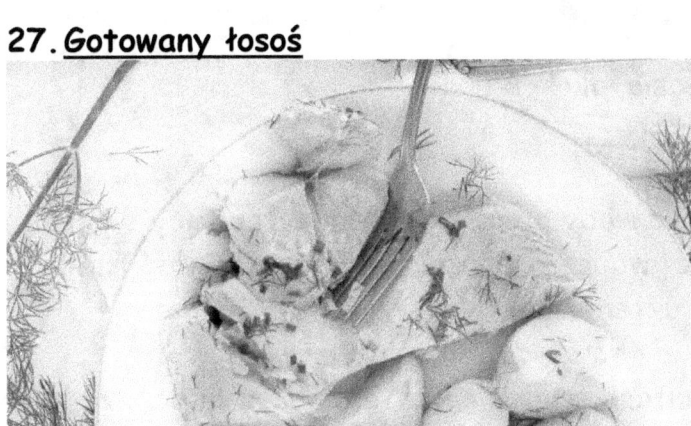

Składniki
- Małe filety z łososia, około 6 uncji

Wskazówki

a) Wlej około pół cala wody do małej patelni o średnicy 5-6 cali, przykryj ją, podgrzej wodę do wrzenia, a następnie włóż filet pod przykryciem na cztery minuty.
b) Do łososia lub wody dodaj dowolną przyprawę.
c) Po czterech minutach środek pozostaje surowy i bardzo soczysty.
d) Pozwól filetowi trochę ostygnąć i pokrój go na kawałki o szerokości półtora cala.
e) Dodaj do sałatki składającej się z sałaty (dowolnej) dobrego pomidora, ładnego dojrzałego awokado, czerwonej cebuli, grzanek i dowolnego smacznego dressingu.

28. Gotowany łosoś z salsą z zielonych ziół

Porcje: 4 porcje

Składniki
- 3 szklanki wody
- 4 torebki zielonej herbaty
- 2 duże filety z łososia (około 350 gramów każdy)
- 4 łyżki oliwy z oliwek z pierwszego tłoczenia
- 3 łyżki soku z cytryny, świeżo wyciśniętego
- 2 łyżki natki pietruszki, świeżo posiekanej
- 2 łyżki bazylii, świeżo posiekanej
- 2 łyżki oregano, świeżo posiekanego
- 2 łyżki świeżego szczypiorku azjatyckiego, posiekanego
- 2 łyżeczki liści tymianku
- 2 łyżeczki czosnku, posiekanego

Wskazówki:
a)   W dużym garnku zagotuj wodę. Dodaj torebki zielonej herbaty, a następnie zdejmij z ognia.
b)   Pozostaw torebki z herbatą do zaparzenia na 3 minuty. Wyjmij torebki z herbatą z garnka i zagotuj wodę z herbatą. Dodaj łososia i zmniejsz ogień.
c)   Gotuj filety z łososia, aż w środkowej części staną się nieprzezroczyste. Gotuj łososia przez 5-8 minut lub do momentu całkowitego ugotowania.
d)   Wyjmij łososia z garnka i odłóż na bok.
e)   Do blendera lub robota kuchennego wrzuć wszystkie świeżo posiekane zioła, oliwę z oliwek i sok z cytryny. Dobrze wymieszaj, aż mieszanina utworzy gładką pastę. Dopraw pastę solą i pieprzem. W razie potrzeby możesz dostosować przyprawy.
f)   Podawaj gotowanego łososia na dużym talerzu i posyp pastą ze świeżych ziół.

29. Łosoś gotowany z kleistym ryżem

Wydajność: 1 porcja

Składniki
- 5 szklanek oliwy z oliwek
- 2 główki imbiru; rozbity
- 1 główka czosnku; rozbity
- 1 pęczek szalotki; rozdrobniony
- 4 sztuki łososia; (6 uncji)
- 2 szklanki japońskiego ryżu; gotowane na parze
- ¾ szklanki Mirina
- 2 szalotki; rozdrobniony
- ½ szklanki suszonych wiśni
- ½ szklanki suszonych jagód
- 1 arkusz nori; rozdrobniony
- ½ szklanki soku z cytryny
- ½ szklanki bulionu rybnego
- ¼ szklanki wina lodowego
- ¾ szklanki oleju z pestek winogron
- ½ szklanki suszonej na powietrzu kukurydzy

Wskazówki

a) W rondlu podgrzej oliwę z oliwek do 160 stopni. Dodaj posiekany imbir, czosnek i szalotkę. Zdejmij mieszaninę z ognia i pozwól jej parzyć przez 2 godziny. Napięcie.

b) Ugotuj ryż na parze, a następnie dopraw mirinem. Po ostudzeniu dodać posiekane szalotki. Podgrzej oliwę z oliwek do 160 stopni. Dodaj posiekany imbir, czosnek i szalotkę. Weź jagody i wodorosty.

c) Aby przygotować sos, zagotuj sok z cytryny, bulion rybny i wino lodowe. Zdejmij z ognia i wymieszaj z olejem z pestek winogron. Doprawić solą i pieprzem.

d) Aby ugotować rybę, w głębokim rondlu podgrzej olej do smażenia do około 160 stopni. Łososia doprawiamy solą i pieprzem i delikatnie zanurzamy cały kawałek ryby w oleju. Pozwól delikatnie gotować przez około 5 minut lub do momentu, aż uzyskasz średnio rzadką konsystencję.

e) Podczas smażenia ryby na talerzu połóż sałatkę ryżową i skrop ją sosem cytrynowym. Po zakończeniu gotowania połóż gotowaną rybę na sałatce ryżowej.

30. Filet z łososia w cytrusach

Porcja dla 4 osób

Składniki
- ¾ kg Świeży filet z łososia
- 2 łyżki miodu o smaku Manuka lub zwykłego
- 1 łyżka świeżo wyciśniętego soku z limonki
- 1 łyżka świeżo wyciśniętego soku pomarańczowego
- ½ łyżki skórki z limonki
- ½ łyżki skórki pomarańczowej
- ½ szczypty soli i pieprzu
- ½ limonki pokrojonej w plasterki
- ½ pomarańczy pokrojonej w plasterki
- ½ garści świeżego tymianku i mikro ziół

Wskazówki

a) Użyj około 1,5 kg + świeży filet z łososia królewskiego, ze skórą i bez kości.

b) Dodaj pomarańczę, limonkę, miód, sól, pieprz i skórkę – dobrze wymieszaj

c) Pół godziny przed gotowaniem posmaruj filet pędzelkiem i płynnymi cytrusami.

d) Pokrój w cienkie plasterki pomarańczę i limonkę

e) Piecz w 190 stopniach przez 30 minut, a następnie sprawdź, może potrzebować kolejnych 5 minut w zależności od tego, jak wolisz łososia.

f) Wyjmij z piekarnika i posyp świeżym tymiankiem i mikro ziołami

31. Lasagne z łososiem

Porcja dla 4 osób

Składniki
- 2/3 części Mleko do kłusownictwa
- 2/3 grama Gotowanych arkuszy lasagne
- 2/3 szklanki świeżego koperku
- 2/3 szklanki groszku
- 2/3 filiżanki parmezanu
- 2/3 kulki mozzarelli
- Sos 2/3
- 2/3 opakowania młodego szpinaku
- 2/3 filiżanki śmietany
- 2/3 łyżeczki gałki muszkatołowej

Wskazówki
a) Najpierw przygotuj sos beszamelowy i szpinakowy oraz ugotuj łososia. Aby przygotować sos beszamelowy, rozpuść masło w małym rondlu. Wymieszaj mąkę i smaż przez kilka minut, aż zacznie się pienić, ciągle mieszając.
b) Stopniowo dodawaj ciepłe mleko, cały czas mieszając, aż sos będzie gładki. Doprowadzić do delikatnego wrzenia, ciągle mieszając, aż sos zgęstnieje. Doprawić do smaku solą i pieprzem.
c) Aby przygotować sos szpinakowy, obierz i umyj szpinak. Gdy woda nadal przylega do liści, włóż szpinak do dużego rondla, przykryj pokrywką i gotuj na wolnym ogniu, aż liście zwiędną.
d) Odcedź i odciśnij nadmiar wody. Przełóż szpinak do blendera lub robota kuchennego, dodaj śmietanę i gałkę muszkatołową. Zmiksuj, a następnie dopraw solą i pieprzem.
e) Rozgrzej piekarnik do 180 stopni C. Natłuść duże naczynie do pieczenia. Delikatnie ugotuj łososia w mleku, aż będzie ugotowany, a następnie pokrój go na kawałki odpowiedniej wielkości. Wyrzuć mleko.
f) Posmaruj cienko dno naczynia do pieczenia 1 szklanką sosu beszamelowego.

g) Na sosie rozłóż nakładającą się warstwę arkuszy lasagne, następnie rozłóż warstwę sosu szpinakowego i równomiernie ułóż na niej połowę kawałków łososia. Posypać odrobiną posiekanego koperku. Dodaj kolejną warstwę lasagne, następnie warstwę sosu beszamelowego i posyp groszkiem, aby uzyskać szorstkie pokrycie.

h) Powtórz warstwy ponownie, czyli lasagne, szpinak i łosoś, koper, lasagne, sos beszamelowy, a następnie groszek. Na koniec nałóż ostatnią warstwę lasagne i cienką warstwę sosu beszamelowego. Posypujemy tartym parmezanem i kawałkami świeżej mozzarelli.

i) Piecz lasagne przez 30 minut lub do momentu, aż będzie gorąca

32. Filety z łososia Teriyaki

Porcja dla 4 osób

Składniki
- 140 gramów 2 x twin Regal 140g Świeże porcje łososia
- 1 szklanka(-i) cukru pudru
- 60 ml sosu sojowego
- Przyprawa Mirin 60 ml
- Przyprawa Mirin 60 ml
- 1 opakowanie organicznego makaronu udon

Wskazówki
a) Zamarynuj 4 x 140 g kawałków łososia Fresh Regal, używając cukru pudru, sosu sojowego i sosu mirin, dobrze wymieszaj wszystkie 3 składniki i pozostaw na łososiu na 30 minut.
b) Zagotuj wodę, dodaj organiczny makaron udon i gotuj szybko przez 10 minut.
c) Pokrój szalotkę w cienkie plasterki i odłóż na bok.
d) Smażyć porcje filetu z łososia na patelni na średnim lub dużym ogniu przez 5 minut, następnie obracać z boku na bok, polewając dodatkowym sosem.
e) Gdy makaron będzie już gotowy, rozłóż go na talerzu i połóż na nim łososia

33. Łosoś w chrupiącej skórce z dressingiem kaparowym

Porcja dla 4 osób

Składniki
- 4 świeże porcje filetu z łososia nowozelandzkiego 140g
- 200 ml oliwy z oliwek Premium
- 160 ml Białego octu balsamicznego
- 2 Zmiażdżony ząbek czosnku
- 4 łyżki posiekanych kaparów
- 4 łyżki posiekanej natki pietruszki
- 2 łyżki posiekanego koperku

Wskazówki

a) Filety z łososia polej 20 ml oliwy z oliwek i dopraw solą i pieprzem.

b) Smażyć na dużym ogniu na patelni z powłoką nieprzywierającą przez 5 minut, obracając z góry na dół i z boku na bok.

c) Pozostałe składniki włóż do miski i wymieszaj. To jest Twój dressing. Gdy łosoś będzie już ugotowany, połóż dressing na filecie, skórą do góry.

d) Podawać z sałatką z gruszki, orzechów włoskich, sera Halloumi i rukolą

34. Filet z łososia z kawiorem

Porcja dla 4 osób

Składniki
- 1 łyżeczka soli
- 1 Kawałki limonki
- 10 obranych szalotek (cebuli).
- 2 łyżki oleju sojowego (dodatkowo do posmarowania)
- 250 gramów pomidorków koktajlowych przekrojonych na pół
- 1 małe zielone chili pokrojone w cienkie plasterki
- 4 łyżki soku z limonki
- 3 łyżki sosu rybnego
- 1 łyżka cukru
- 1 garść gałązek kolendry
- 1 1/2 kg świeżego filetu z łososia s/on b/out
- 1 słoik ikry z łososia (kawior)
- 3/4 ogórka obranego, przekrojonego wzdłuż na pół, pozbawionego gniazd nasiennych i pokrojonego w cienkie plasterki

Wskazówki
a) Rozgrzej piekarnik do 200 stopni C, ale pokrojony ogórek w ceramicznej misce, z solą, odstaw na 30 minut, aby się zamarynował.
b) Włóż szalotki do małego naczynia do pieczenia, dodaj olej sojowy, dobrze wymieszaj i włóż do piekarnika na 30 minut, aż będą miękkie i dobrze się zarumienią.
c) Wyjmij z piekarnika i odstaw do ostygnięcia, w międzyczasie osolony ogórek dobrze umyj pod dużą ilością zimnej bieżącej wody, następnie odciśnij garściami i przełóż do miski.
d) Rozgrzej grill w piekarniku do bardzo gorącego, przekrój szalotkę na połówki i dodaj je do ogórka.
e) Dodać pomidory, chili, sok z limonki, sos rybny, cukier, gałązki kolendry i olej sezamowy, dobrze wymieszać.

f) Spróbuj – w razie potrzeby dopraw słodkością, dodając cukier i sok z limonki – odstaw.

g) Łososia ułóż na naoliwionym papierze do pieczenia, posmaruj wierzch łososia olejem sojowym, dopraw solą i pieprzem, włóż pod grill na 10 minut lub do momentu, aż będzie ugotowany i lekko rumiany.

h) Wyjmij z piekarnika, zsuń na półmisek, posyp mieszanką pomidorów i ogórków oraz łyżką ikry z łososia.

i) Podawać z cząstkami limonki i ryżem

35. Grillowane steki z łososia z anchois

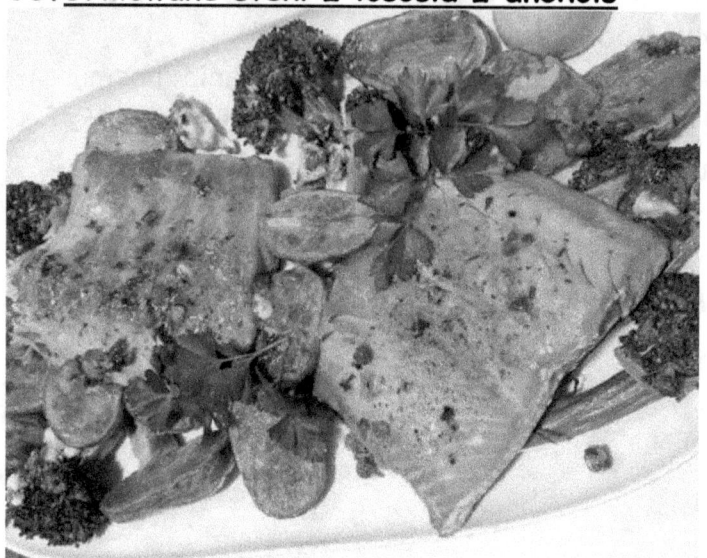

Wydajność: 4 porcje

Składnik
- 4 steki z łososia
- Natka pietruszki
- Kawałki cytryny ---masło anchois-----
- 6 filetów z sardeli
- 2 łyżki mleka
- 6 łyżek masła
- 1 kropla sosu Tabasco
- Pieprz

Wskazówki

a) Rozgrzej grill do wysokiej temperatury. Nasmaruj ruszt grillowy i umieść każdy stek, aby zapewnić równomierne ciepło. Połóż małą porcję masła anchois (podziel jedną czwartą mieszanki na cztery) na każdym steku. Grilluj przez 4 minuty.

b) Obróć steki z plasterkiem ryby i połóż między stekami kolejną ćwiartkę masła. Grilluj na drugiej stronie 4 minuty. Zmniejsz ogień i gotuj przez kolejne 3 minuty, krócej, jeśli steki są cienkie.

c) Podawać ze starannie ułożonym kawałkiem masła anchois na wierzchu każdego steku.

d) Udekoruj gałązkami pietruszki i cząstkami cytryny.

e) Masło anchois: Namocz wszystkie filety anchois w mleku. Rozgnieć w misce drewnianą łyżką, aż uzyskasz kremową masę. Wszystkie składniki zmiksować i schłodzić.

f) Służy 4.

36. Łosoś z grilla wędzonego z grilla

Wydajność: 4 porcje

Składnik
- 1 łyżeczka startej skórki z limonki
- ¼ szklanki soku z limonki
- 1 łyżka oleju roślinnego
- 1 łyżeczka musztardy Dijon
- 1 szczypta pieprzu
- 4 steki z łososia o grubości 1 cala [1-1/2 funta]
- ⅓ szklanki prażonego sezamu

Wskazówki

a) W płytkim naczyniu połącz skórkę z limonki i sok, olej, musztardę i pieprz; dodać rybę, obracając się do sierści. Przykryj i marynuj w temperaturze pokojowej przez 30 minut, od czasu do czasu obracając.

b) Rezerwując marynatę, usuń rybę; posypać sezamem. Umieścić na natłuszczonym grillu bezpośrednio na średnim ogniu. Dodaj namoczone kawałki drewna.

c) Przykryj i gotuj, obracając i polewając marynatą w połowie czasu, przez 16-20 minut lub do momentu, aż ryba zacznie się łatwo łuszczyć, sprawdzając widelcem.

37. Łosoś grillowany na węglu drzewnym i czarna fasola

Wydajność: 4 porcje
Składnik
- ½ funta czarnej fasoli; przemoczony
- 1 mała cebula; posiekana
- 1 mała marchewka
- ½ żeberka selera
- 2 uncje szynki; posiekana
- 2 papryczki Jalapeno; odszypułkowane i pokrojone w kostkę
- 1 ząbek czosnku
- 1 liść laurowy; powiązane razem z
- 3 gałązki tymianku
- 5 szklanek wody
- 2 ząbki czosnku; mielony
- ½ łyżeczki płatków ostrej papryki
- ½ cytryny; sok
- 1 cytryna; sok
- ⅓ szklanki oliwy z oliwek
- 2 łyżki świeżej bazylii; posiekana
- 24 uncje steków z łososia

Wskazówki
a) W dużym rondlu wymieszaj fasolę, cebulę, marchewkę, seler, szynkę, papryczki jalapeno, cały ząbek czosnku, liść laurowy z tymiankiem i wodę. Gotuj na wolnym ogniu, aż fasola będzie miękka, około 2 godzin, dodając więcej wody, jeśli to konieczne, aby fasola była przykryta.

b) Wyjąć marchewkę, seler, zioła i czosnek, odsączyć pozostały płyn z gotowania. Fasolę wymieszać z przeciśniętym przez praskę czosnkiem, płatkami ostrej papryki i sokiem z ½ cytryny. Odłożyć na bok.

c) Podczas gotowania fasoli wymieszaj sok z całej cytryny, oliwę z oliwek i liście bazylii. Polać stekami z łososia i wstawić do lodówki na 1 godzinę. Grilluj łososia na średnio dużym ogniu przez 4-5 minut z każdej strony, co minutę polewając odrobiną marynaty. Do każdego steku dodajemy porcję fasoli.

38. Łosoś alaskański grillowany petardą

Wydajność: 4 porcje

Składnik
- 4 6 uncji steki z łososia
- ¼ szklanki oleju arachidowego
- 2 łyżki sosu sojowego
- 2 łyżki octu balsamicznego
- 2 łyżki posiekanego szalotki
- 1 ½ łyżeczki brązowego cukru
- 1 ząbek czosnku, posiekany
- ¾ łyżeczki Tartego świeżego korzenia imbiru
- ½ łyżeczki płatków czerwonego chili lub więcej
- Smak
- ½ łyżeczki oleju sezamowego
- ⅛ łyżeczki soli

Wskazówki

a) Umieść steki z łososia w szklanym naczyniu. Wymieszaj pozostałe składniki i polej łososia.

b) Przykryj folią spożywczą i marynuj w lodówce przez 4 do 6 godzin. Rozgrzej grilla. Wyjmij łososia z marynaty, posmaruj grill olejem i połóż łososia na grillu.

c) Grilluj na średnim ogniu przez 10 minut na każdy centymetr grubości, mierząc w najgrubszej części, obracając w połowie pieczenia lub do momentu, gdy ryba zacznie się łuszczyć, sprawdzając widelcem.

39. Błyskawiczny łosoś z grilla

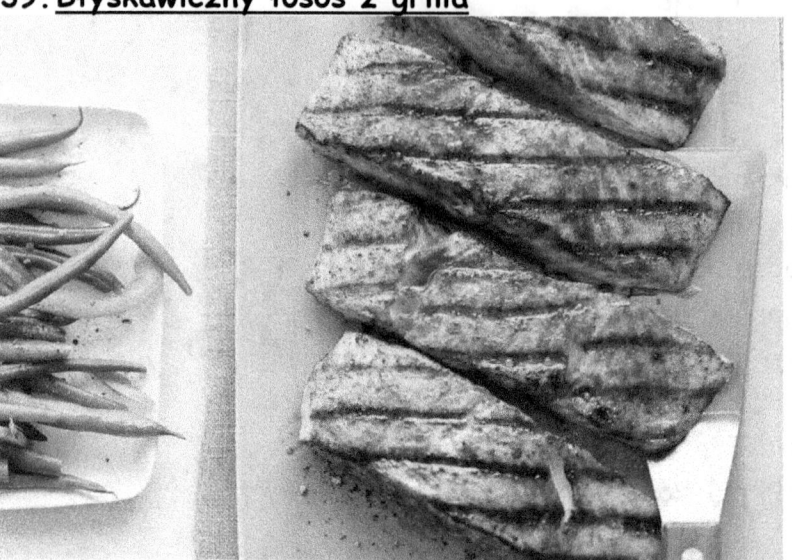

Wydajność: 1 porcja

Składnik
- 3 uncje łososia
- 1 łyżka oliwy z oliwek
- ½ cytryny; sok z
- 1 łyżeczka szczypiorku
- 1 łyżeczka natki pietruszki
- 1 łyżeczka świeżo mielonego pieprzu
- 1 łyżka sosu sojowego
- 1 łyżka syropu klonowego
- 4 Żółtka jaj
- ¼ litra bulionu rybnego
- ¼ pinty Białe wino
- 125 mililitrów Podwójna śmietanka
- Szczypiorek
- Pietruszka

Wskazówki

a) Łososia pokroić w cienkie plasterki i umieścić w pojemniku z oliwą z oliwek, syropem klonowym, sosem sojowym, pieprzem i sokiem z cytryny na 10-20 minut.

b) Sabayon: Ubij jajka nad bemarem. Na patelni zredukuj białe wino i bulion rybny. Dodajemy powstałą masę do białek i ubijamy. Dodać śmietanę, nadal ubijając.

c) Połóż cienkie plasterki łososia na talerzu i skrop odrobiną sabayonu. Umieścić pod grillem tylko na 2-3 minuty.

d) Wyjmij i podawaj natychmiast posypany szczypiorkiem i natką pietruszki.

40. Grillowany łosoś i makaron z atramentem kalmarów

Wydajność: 1 porcja

Składnik
- 4 200 g; (7-8 uncji) kawałki filetu z łososia
- Sól i pieprz
- 20 mililitrów Olej roślinny; (3/4 uncji)
- Oliwa z oliwek do smażenia
- 3 Drobno posiekane ząbki czosnku
- 3 Drobno pokrojone pomidory
- 1 Drobno posiekana cebula dymka
- Przyprawa
- 1 Brokuły

Wskazówki

a) Makaron: możesz kupić saszetki z atramentem kałamarnicy u dobrego handlarza rybami... lub użyć swojego ulubionego makaronu

b) Rozgrzej piekarnik do 240°C/475°F/gaz, klasa 9.

c) Kawałki filetu z łososia doprawiamy solą i pieprzem. Rozgrzej patelnię z powłoką nieprzywierającą, następnie dodaj olej. Włóż łososia na patelnię i smaż z każdej strony przez 30 sekund.

d) Przełóż rybę na blachę do pieczenia i piecz przez 6-8 minut, aż ryba zacznie się rozpadać, ale w środku będzie nadal lekko różowa. Pozwól odpocząć przez 2 minuty.

e) Przełóż rybę na ciepłe talerze i polej sosem.

f) Brokuły gotujemy z makaronem przez około 5 minut.

g) Na patelnię wlewamy odrobinę oliwy, dodajemy czosnek, pomidory i dymkę. Smażyć na małym ogniu przez 5 minut, w ostatniej chwili dodać brokuły.

41. Łosoś z grillowaną cebulą

Na 8 do 10 porcji

Składniki
- 2 szklanki zrębków z twardego drewna namoczonych w wodzie
- 1 duży łosoś norweski hodowlany (około 3 funtów), bez ości
- 3 szklanki solanki wędzonej z wódką
- ¾ filiżanki pasty do palenia
- 1 łyżka suszonego ziela koperku
- 1 łyżeczka proszku cebulowego
- 2 duże czerwone cebule, pokrojone w krążki o grubości kilku centymetrów
- ¾ szklanki oliwy z oliwek z pierwszego tłoczenia 1 pęczek świeżego koperku
- Drobno otarta skórka z 1 cytryny 1 ząbek czosnku, posiekana
- Gruba sól i mielony czarny pieprz

Wskazówki

a) Włóż łososia do dużej (2-litrowej) torby zamykanej na zamek błyskawiczny. Jeśli masz tylko 1-galonowe torby, przekrój rybę na pół i użyj dwóch torebek. Dodaj solankę do torebek(-ek), wyciśnij powietrze i zamknij. Przechowywać w lodówce przez 3 do 4 godzin.

b) Wymieszaj wszystko oprócz 1 łyżki stołowej nacierania z suszonym koperkiem i sproszkowaną cebulą i odłóż na bok. Namocz plasterki cebuli w lodowatej wodzie. Rozgrzej grill na pośrednim, małym ogniu, około 225iF, z dymem. Odcedź zrębki i dodaj je do grilla.

c) Wyjmij łososia z solanki i osusz papierowymi ręcznikami. Wyrzucić solankę. Rybę posmaruj 1 łyżką oliwy i posyp od strony mięsnej nacieraniem z suszonym koperkiem.

d) Wyjmij cebulę z lodowatej wody i osusz. Posmaruj 1 łyżką oleju i posyp pozostałą 1 łyżką oleju. Odłóż rybę i cebulę na 15 minut, aby odpoczęły.

e) Posmaruj ruszt grilla i dobrze natrzyj olejem. Połóż łososia mięsem do dołu, bezpośrednio na ogniu i grilluj przez 5 minut, aż powierzchnia będzie złotobrązowa. Używając dużej szpatułki do ryb lub dwóch zwykłych szpatułek, obróć rybę skórą do dołu i umieść ją na ruszcie grillowym z dala od ognia. Połóż plasterki cebuli bezpośrednio nad ogniem.

f) Zamknij grill i gotuj, aż łosoś będzie twardy na zewnątrz, ale nie suchy i sprężysty w środku, około 25 minut. Po zakończeniu, po delikatnym naciśnięciu ryby, wilgoć przeniknie przez powierzchnię. Nie powinien całkowicie łuszczyć się pod naciskiem.

g) Podczas gotowania obróć cebulę raz.

42. Łosoś z deski cedrowej

Serwuje 6

Składniki
- 1 surowa deska cedrowa (około 14" x 17" x 1/2")
- 1/2 szklanki sosu włoskiego
- 1/4 szklanki posiekanych suszonych pomidorów
- 1/4 szklanki posiekanej świeżej bazylii
- 1 (2-funtowy) filet z łososia (o grubości 1 cala) bez skóry

Wskazówki

a) Całkowicie zanurz deskę cedrową w wodzie, umieszczając na niej ciężarek, aby była całkowicie przykryta. Moczyć co najmniej 1 godzinę.

b) Rozgrzej grill na średnio-wysokim ogniu.

c) W małej misce połącz dressing, suszone pomidory i bazylię; odłożyć na bok.

d) Wyjmij deskę z wody. Połóż łososia na desce; połóż na grillu i zamknij pokrywę. Grilluj 10 minut, następnie posmaruj łososia mieszanką dressingu. Zamknij pokrywkę i grilluj jeszcze 10 minut lub do momentu, aż łosoś będzie się łatwo rozbijał widelcem.

43. Wędzony łosoś czosnkowy

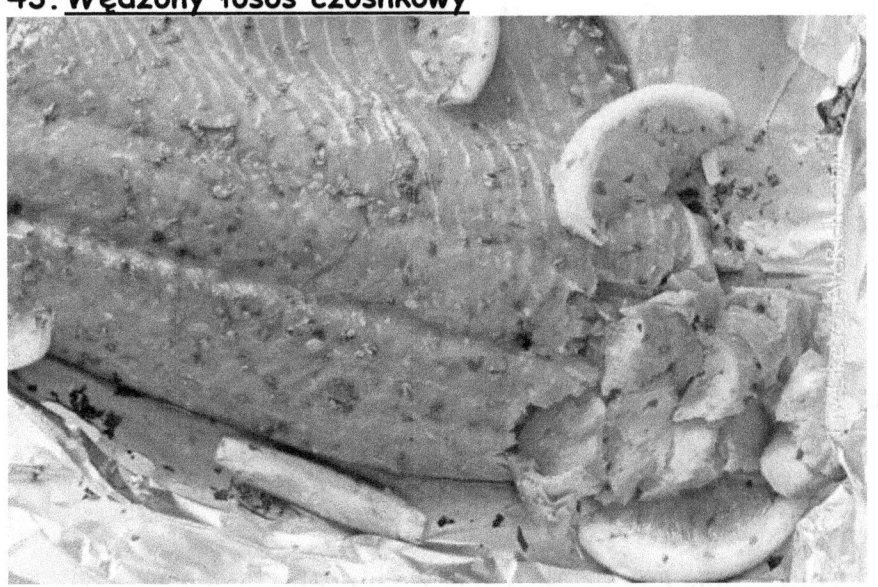

Służy 4

Składniki
- 1 1/2 funta filet z łososia
- sól i pieprz do smaku 3 ząbki czosnku, posiekane
- 1 gałązka świeżego koperku, posiekana 5 plasterków cytryny
- 5 gałązek świeżego koperku
- 2 zielone cebule, posiekane

Wskazówki
a) Przygotuj wędzarnię do 250° F.
b) Spryskaj dwa duże kawałki folii aluminiowej sprayem kuchennym.
c) Połóż filet z łososia na jednym kawałku folii. Łososia posypać solą, pieprzem, czosnkiem i posiekanym koperkiem. Na filecie ułóż plasterki cytryny, a na każdym plasterku cytryny połóż gałązkę koperku. Posyp filet zieloną cebulą.
d) Wędzić przez około 45 minut.

44. Łosoś z grilla ze świeżymi brzoskwiniami

Porcje: 6 porcji

Składniki
- 6 filetów z łososia o grubości 1 cala
- 1 duża puszka brzoskwiń pokrojonych w plasterki, odmiana w lekkim syropie
- 2 łyżki cukru białego
- 2 łyżki jasnego sosu sojowego
- 2 łyżki musztardy Dijon
- 2 łyżki niesolonego masła
- 1 1-calowa gałka świeżego imbiru, starta
- 1 łyżka oliwy z oliwek, odmiana extra virgin
- Sól i pieprz do smaku
- Świeżo posiekana kolendra

Wskazówki:
a) Odcedź pokrojone brzoskwinie i zachowaj około 2 łyżek jasnego syropu. Brzoskwinie pokroić na kawałki wielkości kęsa.
b) Filety z łososia ułożyć w dużym naczyniu do zapiekania.
c) W średnim rondlu dodaj zarezerwowany syrop brzoskwiniowy, biały cukier, sos sojowy, musztardę Dijon, masło, oliwę z oliwek i imbir. Kontynuuj mieszanie na małym ogniu, aż mieszanina nieco zgęstnieje. Dodać sól i pieprz według smaku.
d) Wyłącz ogień i obficie rozprowadź część mieszanki na filety z łososia za pomocą pędzelka.
e) Do rondla dodać pokrojone brzoskwinie i dokładnie pokryć glazurą. Polać glazurowanymi brzoskwiniami na łososia i równomiernie rozprowadzić.
f) Piec łososia przez około 10-15 minut w temperaturze 200°C. Uważaj na łososia, aby danie się nie przypaliło.
g) Przed podaniem posypujemy odrobiną świeżo posiekanej kolendry.

45. Sałatka z grillowanym łososiem imbirowym

Wydajność: 4 porcje

Składniki
- ¼ szklanki beztłuszczowego jogurtu naturalnego
- 2 łyżki drobno posiekanego świeżego imbiru
- 2 ząbki czosnku, drobno posiekane
- 2 łyżki świeżego soku z limonki
- 1 łyżka świeżo startej skórki z limonki
- 1 łyżka miodu
- 1 łyżka oleju rzepakowego
- ½ łyżeczki soli
- ½ łyżeczki świeżo zmielonego czarnego pieprzu
- 1¼ funta filetu z łososia, o grubości 1 cala, pokrojonego na 4 kawałki, ze skórą i usuniętymi ościami
- Sałatka z rzeżuchy i marynowanego imbiru
- Kawałki limonki do dekoracji

Wskazówki:

a) W małej misce wymieszaj jogurt, imbir, czosnek, sok z limonki, skórkę z limonki, miód, olej, sól i pieprz.
b) Umieść łososia w płytkim szklanym naczyniu i zalej go marynatą, obracając łososia tak, aby pokrył się nim ze wszystkich stron. Przykryj i marynuj w lodówce przez 20 do 30 minut, obracając raz lub dwa razy.
c) W międzyczasie rozpal ogień na węglu drzewnym lub rozgrzej grill gazowy. (Nie używaj patelni grillowej, łosoś się przyklei.) 3. Za pomocą szczotki do grilla na długiej rączce posmaruj ruszt grilla olejem.
d) Łososia ułożyć na grillu skórą do góry. Gotuj przez 5 minut. Używając 2 metalowych szpatułek, ostrożnie odwróć kawałki łososia i smaż, aż będą nieprzezroczyste w środku, przez 4 do 6 minut dłużej. Za pomocą 2 szpatułek zdejmij łososia z grilla. Zsuń się ze skóry.
e) Sałatkę z rzeżuchy polej sosem i rozłóż na 4 talerzach. Na wierzchu ułóż kawałek grillowanego łososia. Udekoruj cząstkami limonki. Natychmiast podawaj.

46. Grillowany łosoś z sałatką z kopru włoskiego

Wydajność: 2 porcje

Składnik
- 2 140 g filetów z łososia
- 1 Koper bulwowy; drobno pokrojone
- ½ gruszki; drobno pokrojone
- Kilka kawałków orzechów włoskich
- 1 szczypta zmielonych nasion kardamonu
- 1 Pomarańcza; segmentowany, sok
- 1 pęczek kolendry; posiekana
- 50 gramów Lekki fromage frais
- 1 Szczypta sproszkowanego cynamonu
- Sól kamienna w płatkach i mielony czarny pieprz

Wskazówki:
a) Łososia doprawiamy solą i pieprzem i grillujemy na grillu.
b) Gruszkę wymieszać z koprem włoskim i doprawić dużą ilością czarnego pieprzu, kardamonu i orzechów włoskich.
c) Wymieszaj sok i skórkę pomarańczową z serem fromage frais i dodaj odrobinę cynamonu. Połóż garść kopru włoskiego na środku talerza i nałóż na nią łososia. Udekoruj zewnętrzną stronę talerza segmentami pomarańczy i posyp pomarańczowym serem fromage frais.
d) Koper włoski zmniejsza toksyny spowodowane alkoholem w organizmie i dobrze wspomaga trawienie.

47. Grillowany łosoś z ziemniakami i rzeżuchą

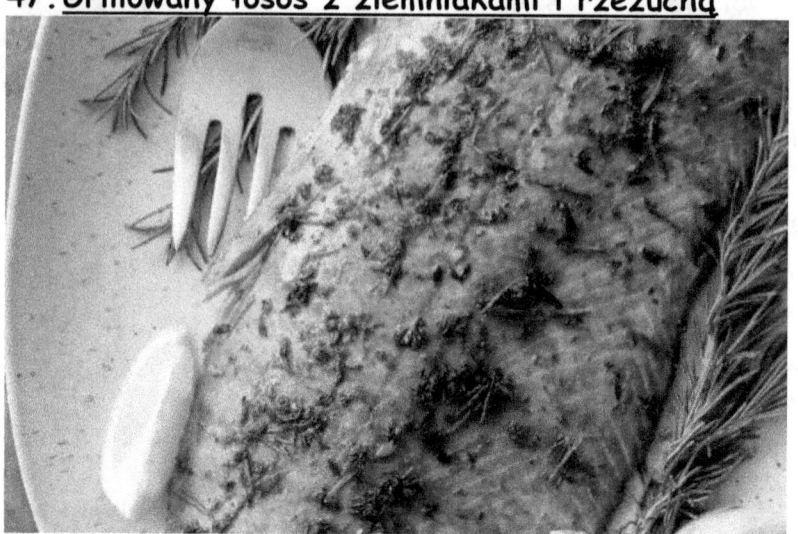

Wydajność: 6 porcji
Składnik
- 3 funty Mały czerwony o cienkiej skórze
- Ziemniaki
- 1 szklanka Cienko pokrojonej czerwonej cebuli
- 1 szklanka sezonowanego octu ryżowego
- Około 1/2 funta rzeżuchy
- Wypłukane i chrupiące
- 1 filet z łososia, około 2 funtów.
- 1 łyżka sosu sojowego
- 1 łyżka mocno upakowanego brązowego cukru
- 2 szklanki zrębków z drewna olchowego lub mesquite
- Namoczone w wodzie
- Sól

Wskazówki:

a) W rondlu o pojemności 5-6 litrów zagotuj około 2 litrów wody na dużym ogniu; dodać ziemniaki. Przykryj i gotuj na małym ogniu, aż ziemniaki będą miękkie po przebiciu, 15 do 20 minut. Odcedź i ostudź.

b) Cebulę namoczyć około 15 minut w zimnej wodzie, tak aby była przykryta. Odcedź i wymieszaj cebulę z octem ryżowym. Ziemniaki pokroić w ćwiartki; dodać do cebuli.

c) Odetnij delikatne gałązki rzeżuchy wodnej od łodyg, a następnie drobno posiekaj tyle łodyg, aby uzyskać $\frac{1}{2}$ szklanki (odrzuć dodatki lub zachowaj do innych celów). Wymieszaj posiekane łodygi na dużym owalnym talerzu z sałatką ziemniaczaną; przykryć i zachować spokój. Opłucz łososia i osusz. Ułożyć skórą do dołu na kawałku grubej folii. Wytnij folię, aby dopasować ją do konturów ryby, pozostawiając 1-calowy margines.

d) Zaciśnij krawędzie folii tak, aby przylegała do krawędzi ryby. Wymieszaj sos sojowy z brązowym cukrem i posmaruj nim filet z łososia.

e) Połóż rybę na środku grilla, a nie na węglach i płomieniu. Przykryj grilla (otwarte otwory wentylacyjne na węgiel drzewny) i gotuj, aż ryba będzie ledwo nieprzezroczysta w najgrubszej części (przycięta do sprawdzenia), 15 do 20 minut. Rybę przełożyć na talerz z sałatką. Dodaj sól do smaku. Podawać na gorąco lub na zimno.

48. Łososiowe vina olki

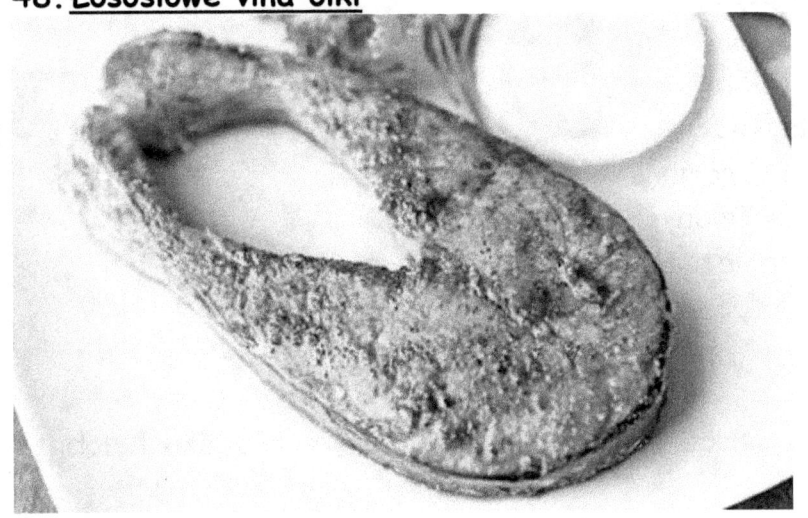

Wydajność: 1 porcja
Składnik
- 2 szklanki octu
- 4 szklanki wody
- 2 łyżeczki cynamonu
- 4 łyżeczki mielonych nasion kminku
- 6 dużych zmiażdżonych ząbków czosnku
- Sól i pieprz do smaku
- Łosoś

Wskazówki:

a) Wszystkie składniki wymieszaj w dużym czajniku i dobrze wymieszaj.

b) Dodaj plasterki łososia i dobrze wymieszaj, aby każdy plasterek wchłonął przyprawy i czosnek.

c) Pozostawić w solance na noc, ale nie dłużej niż 24 godziny, ponieważ łosoś ma tendencję do robienia papkowatej konsystencji.

d) Wyjąć z solanki, obtoczyć w bułce tartej lub mące i smażyć na rozgrzanym oleju.

49. Kebaby z Łososiem i Borowikami

Składniki:
- ¼ szklanki oliwy z oliwek
- ¼ szklanki natki pietruszki, drobno posiekanej
- ¼ szklanki świeżego tymianku, pozbawionego łodygi, drobno posiekanego
- 2 łyżki soku z cytryny
- 2 łyżki grubo zmielonego czarnego pieprzu
- 1 łyżeczka soli
- 1 ½ funta filetów z łososia, pokrojonych w 24 kostki
- 1 do 1 ½ funta grzybów
- 8 drewnianych szpikulców
- cząstki cytryny

Wskazówki:

m) W dużej misce wymieszaj oliwę, pietruszkę, tymianek, sok z cytryny, sól i pieprz.

n) Dodać kawałki łososia, dokładnie wymieszać, przykryć i wstawić do lodówki na 1 godzinę.

o) Rozgrzej grill.

p) Wyjmij mieszaninę z lodówki, dodaj kawałki grzybów i wymieszaj, aby grzyby pokryły się marynatą. Odcedź na durszlaku.

q) Nakładaj na szaszłyki na zmianę łososia i grzyby, tak aby powstało osiem kebabów, każdy ułożony z trzema kawałkami ryby i trzema kawałkami grzybów.

r) Namoczone szaszłyki kładziemy na natłuszczonym grillu i smażymy 4 minuty. Odwróć i smaż jeszcze 4 minuty lub do momentu, aż filety będą lekko miękkie w dotyku.

50. Grillowany dziki łosoś królewski

Składniki:
- 1 homar, 1¾ funta
- ½ szklanki roztopionego masła
- 2 funty filetów z łososia
- ¼ szklanki drobno posiekanej czerwonej cebuli
- 3 łyżki białego octu
- 2 łyżki wody
- ¼ szklanki gęstej śmietanki
- 2 łyżki drobno posiekanego świeżego estragonu
- 4 łyżki (½ kostki) masła
- Sól i świeżo zmielony czarny pieprz
- Kawałki cytryny i sok
- Sałatka z krwisto-pomarańczowych

Wskazówki:

a) Skropić masłem i sokiem z cytryny jamę homara.

b) Połóż homara na grzbiecie na grillu, nad patelnią wędzarniczą. Zamknij pokrywkę i wędź przez około 25 minut. Przełóż na deskę do krojenia i usuń mięso z ogona i pazurów, zachowując koral i wszystkie soki w lodówce.

c) Zagotuj cebulę, ocet i wodę w średnim rondlu na średnim ogniu; zmniejsz ogień i gotuj na wolnym ogniu przez 3 do 4 minut lub do momentu, aż zredukuje się o około połowę. Dodać śmietanę i estragon; Gotuj na wolnym ogniu przez 1 do 2 minut lub do momentu, aż zredukuje się o połowę. Wmieszać kawałki masła.

d) Przygotuj grill i połóż łososia na gorącej stronie.

e) Dodaj kawałki homara i sok do rondla z beurre blanc, zamieszaj i zwiększ ogień do średniego. Dusić pod przykryciem, kilkakrotnie mieszając, przez 3 do 4 minut lub do momentu, aż mięso homara będzie dokładnie podgrzane.

51. Steki z łososia w syropie klonowym

Składniki:
- ¼ szklanki czystego syropu klonowego
- ¼ szklanki mirinu lub białego wina
- ¼ szklanki sosu sojowego o niskiej zawartości sodu
- 2 łyżki oliwy z oliwek
- Sok z ½ cytryny
- skórka otarta z 1 cytryny (około 1 łyżki)
- 2 łyżki mielonych ziaren czarnego pieprzu
- 2 funty łososia pokrojonego w steki o grubości ¾ cala

Wskazówki:

a) Wymieszaj syrop klonowy, mirin, sos sojowy, olej, sok z cytryny i ziarna pieprzu w niekorozyjnym pojemniku. Włóż steki do marynaty i wstaw do lodówki na 30 minut.

b) Rozgrzej grill.

c) Wyjmij steki z łososia z marynaty, odcedź, osusz i zachowaj marynatę. Połóż steki bezpośrednio nad płomieniem i gotuj przez 4 minuty; obróć i smaż jeszcze 4 minuty dłużej lub do momentu, aż steki będą lekko miękkie w dotyku. Grilluj krócej w przypadku rzadkich potraw, dłużej w przypadku dobrze wysmażonych.

d) W międzyczasie, po obróceniu steków, w małym rondlu na średnim ogniu podgrzej marynatę, aż się zagotuje, a następnie gotuj na wolnym ogniu przez 5 minut. Natychmiast wyłącz ogrzewanie.

e) Polać sosem steki z łososia.

52. Zupa z łososia i kukurydzy

Składniki:

- 1-funtowy filet z łososia
- 2 kłosy świeżej kukurydzy
- 2 łyżki oliwy z oliwek
- 1 średnia drobno posiekana cebula
- 1 średni ziemniak Yukon Gold, pokrojony w kostkę
- 2 szklanki pełnego mleka
- 1 szklanka jasnej śmietanki
- 4 łyżki niesolonego masła
- $\frac{1}{2}$ łyżeczki sosu Worcestershire
- $\frac{1}{4}$ szklanki drobno posiekanego estragonu
- 1 łyżeczka papryki
- Sól i świeżo zmielony czarny pieprz
- Krakersy ostrygowe

Wskazówki:

a) Rozgrzej grill.
b) Połóż łososia i kolby kukurydzy na naoliwionym grillu. Gotuj 6 minut; następnie obróć i smaż jeszcze 4-5 minut. Odłożyć na bok.
c) Ostrym nożem oddziel kukurydzę od kolb, a łososia pokrój na kawałki wielkości kęsa. Odłożyć na bok.
d) Rozgrzej 1 łyżkę oleju w 4-litrowym rondlu na średnim ogniu. Dodaj cebulę i ziemniaka. Gotuj pod przykryciem przez około 10 minut lub do momentu, aż cebula będzie miękka. Dodaj mleko, śmietanę, masło i sos Worcestershire. Gotuj na wolnym ogniu przez około 10 minut lub do momentu, aż ziemniaki będą miękkie
e) Dodaj kukurydzę, łososia, estragon, paprykę, sól i pieprz i gotuj na wolnym ogniu przez 5 minut.
f) Przełożyć do misek i natychmiast podawać z krakersami z ostryg.

53. Łosoś peklowany w koperku

Serwuje 6
Składniki:
- 2 x 750 g (1 funt 10 uncji) filetów z łososia
- 1 duży pęczek kopru, grubo posiekanego
- 100 g (4 uncje) grubej soli morskiej
- 75 g (3 uncje) cukru pudru
- 2 łyżki zmielonych ziaren białego pieprzu

Sos chrzanowo-musztardowy
- 2 łyżeczki drobno startego chrzanu (świeżego lub ze słoika)
- 2 łyżeczki drobno startej cebuli
- 1 łyżeczka musztardy Dijon
- 1 łyżeczka cukru pudru
- 2 łyżki białego octu winnego
- dobra szczypta soli
- 175 ml (6 uncji) podwójnej śmietanki

Wskazówki:

a) Połóż jeden z filetów z łososia skórą do dołu na dużym arkuszu folii spożywczej. Wymieszaj koperek z solą, cukrem i pokruszonymi ziarnami pieprzu i posmaruj nim przekrojoną powierzchnię łososia. Na wierzchu ułóż drugi filet, skórą do góry.

b) Szczelnie owiń rybę dwiema lub trzema warstwami folii spożywczej i wyłóż ją na dużą, płytką tacę. Połóż nieco mniejszą tackę lub deskę do krojenia na rybie i dociśnij ją. Schładzaj przez 2 dni, obracając rybę co 12 godzin, aby solankowa mieszanina, która powstanie wewnątrz paczki, posmarowała rybę.

c) Aby przygotować sos chrzanowo-musztardowy, wymieszaj wszystkie składniki oprócz śmietanki. Śmietankę ubić na puszystą pianę, wymieszać z masą chrzanową, przykryć i schłodzić.

d) Przed podaniem wyjmij rybę z solanki i pokrój ją bardzo cienko, tak jak wędzonego łososia. Na każdym talerzu ułóż kilka plasterków gravlaksu i podawaj z odrobiną sosu.

54. Saute ze świeżego łososia atlantyckiego

Wydajność: 1 porcja

Składnik
- 3 filety z łososia
- 1 łyżka masła
- $\frac{1}{4}$ łyżeczki soli kuchennej
- $\frac{1}{2}$ szklanki mąki sezonowanej
- 1 łyżka pokrojonego w kostkę pomidora
- 1 łyżka posiekanej zielonej cebuli
- 1 łyżka pokrojonego grzyba
- 2 łyżki białego wina do gotowania
- $\frac{1}{2}$ soku z małej cytryny
- 2 łyżki miękkiego masła

Wskazówki:

a) Łososia pokroić w cienkie plasterki. Doprawiamy łososia solą kuchenną i panierujemy w mące.

b) Szybko podsmaż na maśle z każdej strony i wyjmij. Dodać pokrojone w plasterki grzyby, pomidor, zieloną cebulę, sok z cytryny i białe wino.

c) Zmniejsz ogień na około 30 sekund. Wymieszaj masło i podawaj sos z łososiem.

55. Grillowany łosoś z pancettą

Wydajność: 4 porcje
Składnik
- 1 funt świeżych grzybów Morel
- 2 szalotki; Mielony
- 1 ząbek czosnku; Mielony
- 10 łyżek masła; Pociąć na kawałki
- 1 szklanka wytrawnego sherry lub madery
- 4 sztuki filetów z łososia
- Oliwa z oliwek
- Sól i świeżo zmielony pieprz
- 16 zielonych cebul
- 4 łyżki Pancetty; Pokrojone w kostkę i przycięte

Wskazówki:
a) Podsmaż szalotkę i czosnek na 2 łyżkach masła na małym ogniu, aż będą miękkie. Dodaj smardze, zwiększ ogień i gotuj 1 minutę. Dodaj sherry i zredukuj o połowę.

b) Wymieszaj pozostałe masło, pracując na ogniu i wyłączając, aż uzyska emulsję.

c) Rozgrzej grill lub prążkowaną patelnię grillową. Filety z łososia posmaruj olejem, dopraw solą i pieprzem. Przełóż łososia na dużą patelnię i piecz w piekarniku przez 5 do 10 minut.

d) Rozgrzej średniej wielkości, ciężką patelnię na dużym ogniu. Dodaj kilka łyżek oliwy z oliwek. Dodaj zieloną cebulę i pancettę. Smaż krótko, potrząsając patelnią, aby zapobiec przysmażeniu. Dodaj więcej mieszanki i wymieszaj. Lekko dopraw.

e) Połóż filet z łososia na środku ciepłego talerza obiadowego. Połóż łyżką mieszankę smardzową na wierzchu i po bokach.

56. Pikantny rosół kokosowy z łososiem

Składnik

- 1 150 gr. sztuka łososia na osobę; (150 do 180)
- 1 szklanka ryżu jaśminowego
- ¼ szklanki zielonych strąków kardamonu
- 1 łyżeczka goździków
- 1 łyżeczka ziaren białego pieprzu
- 2 laski cynamonu
- 4 Anyż gwiazdkowaty
- 2 łyżki oleju
- 3 cebule; drobno posiekane
- ½ łyżeczki kurkumy
- 1 litr mleka kokosowego
- 500 mililitrów Kremu kokosowego
- 6 dużych dojrzałych pomidorów
- 1 łyżka brązowego cukru
- 20 mililitrów Sos rybny
- Sól dla smaku
- 2 łyżki garam masali

Wskazówki:

a) Garam Masala: Upiecz na sucho przyprawy oddzielnie na patelni. Wszystkie przyprawy zmiksuj w młynku do kawy lub moździerzu, utłucz i zmiel.

b) Pikantny bulion kokosowy: Rozgrzej olej na dużej patelni i smaż cebulę, aż będzie przezroczysta. Dodać kurkumę i imbir i gotować na małym ogniu przez około 20 minut, następnie dodać pozostałe składniki. Doprowadzić do wrzenia.

c) Podczas gdy bulion się gotuje, ugotuj łososia i ryż jaśminowy. Łososia można gotować w bulionie rybnym, grillować lub smażyć na patelni.

57. Chinook z rzeki Kolumbii

Składniki:
- 1 szklanka świeżych wiśni, umytych i wypestkowanych
- ½ szklanki bulionu rybnego lub drobiowego
- ¼ szklanki świeżego tymianku, łodygowego
- 2 łyżki brandy
- 1 łyżeczka świeżego soku z cytryny
- 2 łyżki brązowego cukru
- 1 ½ łyżeczki octu balsamicznego
- 1½-2 funty filetów z łososia
- cząstki cytryny

Wskazówki:
a) Rozgrzej grill.
b) W misie robota kuchennego zmiksuj wiśnie trzy lub cztery razy, aż zostaną grubo posiekane.
c) Gotuj bulion, tymianek, brandy i sok z cytryny w rondlu na średnim ogniu przez 10 do 12 minut lub do momentu, aż zredukują się o połowę.
d) Dodaj brązowy cukier i ocet, wymieszaj i gotuj na wolnym ogniu przez 2 do 3 minut, aż całkowicie się rozgrzeje. Zdejmij z ognia, ale trzymaj się ciepło.
e) Połóż filety z łososia na natłuszczonym grillu i smaż od 4 do 5 minut; obrócić i smażyć jeszcze 4-5 minut, aż filety będą lekko miękkie w dotyku.
f) Podziel na cztery porcje. Nałóż ciepły sos na środek czterech talerzy, tworząc kałuże. Połóż łososia bezpośrednio na sosie.

58. Łosoś pieczony w piekarniku i warzywa

Porcje: 4 porcje

Składniki:
- 4 filety z łososia
- 2 duże pomidory, pokrojone na ćwiartki
- 2 duże cebule, najlepiej odmiany czerwonej, pokrojone w ćwiartki
- 1 duża główka czosnku, przekrojona na pół
- 2 duże papryki, odmiany czerwona i zielona, pokrojone w paski
- 1 szklanka cukinii, pokrojonej w plasterki o grubości pół cala
- 1 szklanka różyczek brokułów
- 3 łyżki oliwy z oliwek z pierwszego tłoczenia
- 1 łyżka niesolonego masła
- 1 łyżeczka suszonego koperku
- Sól i pieprz do smaku
- Liście świeżej bazylii, drobno posiekane

Wskazówki:
a) Rozgrzej piekarnik do 375 F podczas przygotowywania posiekanych warzyw.
b) Wszystkie warzywa ułóż w dużym naczyniu do pieczenia i skrop odrobiną oliwy z oliwek. Dopraw solą i pieprzem i upewnij się, że posiekane warzywa są równomiernie pokryte oliwą z oliwek. Rozłóż warzywa na bokach naczynia do pieczenia.
c) Na środku ułożyć przyprawione filety z łososia. Na wierzch wyłóż miękkie masło.
d) Gotuj przez 18-20 minut lub do czasu, aż łosoś będzie się łatwo rozdrabniał, a warzywa będą miękkie.

e) Przed podaniem posypujemy świeżo posiekaną bazylią.

59. Łosoś w glazurze sojowo-miodowej

Porcje: 6 porcji

Składniki:
- 6 świeżych filetów z łososia o grubości 1 cala
- 4 łyżki oleju z prażonego sezamu
- 3 duże papryki, pozbawione gniazd nasiennych i pokrojone w cienkie paski
- 2 średniej wielkości czerwone cebule, pokrojone na ćwiartki
- 4 łyżki jasnego sosu sojowego
- 1 łyżka imbiru, obranego i startego
- 3 łyżki czystego miodu
- Sól i pieprz do smaku
- Dymka cebulowa do dekoracji

Wskazówki:
a) Umieść łososia w dużej formie do pieczenia, ostrożnie pozostawiając 1-calową przestrzeń pomiędzy filetami. Dodaj na patelnię pokrojoną w plasterki paprykę – zieloną, czerwoną i żółtą, aby uzyskać bardziej gustowny efekt – oraz cebulę. Posmaruj rybę połową oleju sezamowego. Posypać solą i pieprzem do smaku.
b) W średniej misce dodaj sos sojowy, miód, starty imbir, świeżo mielony pieprz i resztę oleju sezamowego.
c) Dokładnie wymieszaj sos.
d) Sosem polej rybę. Piec łososia w temperaturze 420 F przez 25 minut.
e) Podawać natychmiast i udekorować dymką. Najlepiej smakuje ze świeżo ugotowanym białym ryżem.

60. Pikantna zupa z łososiem i makaronem

Porcje: 4 porcje

Składniki:
- 4 filety z łososia o grubości 1 cala
- 2 szklanki mleka kokosowego
- 3 szklanki wywaru warzywnego, domowego lub błyskawicznego
- 200 gramów makaronu azjatyckiego lub ryżowego
- 5 łyżek czosnku, posiekanego
- 2 duże białe cebule, drobno pokrojone
- 2 duże czerwone papryczki chili, drobno posiekane i pozbawione nasion
- 1 1-calowa gałka świeżego imbiru, pokrojona w cienkie plasterki
- 3 łyżki czerwonej pasty curry
- 1 łyżka oleju roślinnego
- ½ szklanki szczypiorku, drobno posiekanego
- Garść kolendry, drobno posiekanej
- Sól i pieprz do smaku

Wskazówki:

a) W dużym garnku rozgrzej olej roślinny na małym lub średnim ogniu. Dodajemy posiekany czosnek, białą cebulę, papryczki chili, imbir i czerwoną pastę curry i mieszamy przez kilka minut, aż cała mieszanka zacznie pachnieć.

b) Do podsmażonej mieszanki wlać mleko kokosowe i bulion warzywny. Doprowadź bulion do powolnego wrzenia przez 5-8 minut.

c) Dodaj łososia i makaron do garnka i gotuj przez 5-8 minut. Sprawdź czas gotowania makaronu zgodnie z instrukcją na opakowaniu i odpowiednio dostosuj. Upewnij się, że łosoś nie będzie rozgotowany.

d) Dodaj cebulę dymkę i liście kolendry do garnka i wyłącz ogień. Doprawić solą i pieprzem.

e) Natychmiast przełóż do osobnych misek i udekoruj większą ilością kolendry i/lub szczypiorku.

61. Gotowany łosoś z salsą z zielonych ziół

Porcje: 4 porcje

Składniki:
- 3 szklanki wody
- 4 torebki zielonej herbaty
- 2 duże filety z łososia (około 350 gramów każdy)
- 4 łyżki oliwy z oliwek z pierwszego tłoczenia
- 3 łyżki soku z cytryny, świeżo wyciśniętego
- 2 łyżki natki pietruszki, świeżo posiekanej
- 2 łyżki bazylii, świeżo posiekanej
- 2 łyżki oregano, świeżo posiekanego
- 2 łyżki świeżego szczypiorku azjatyckiego, posiekanego
- 2 łyżeczki liści tymianku
- 2 łyżeczki czosnku, posiekanego

Wskazówki:
a) W dużym garnku zagotuj wodę. Dodaj torebki zielonej herbaty, a następnie zdejmij z ognia.
b) Pozostaw torebki z herbatą do zaparzenia na 3 minuty. Wyjmij torebki z herbatą z garnka i zagotuj wodę z herbatą. Dodaj łososia i zmniejsz ogień.
c) Gotuj filety z łososia, aż w środkowej części staną się nieprzezroczyste. Gotuj łososia przez 5-8 minut lub do momentu całkowitego ugotowania.
d) Wyjmij łososia z garnka i odłóż na bok.
e) Do blendera lub robota kuchennego wrzuć wszystkie świeżo posiekane zioła, oliwę z oliwek i sok z cytryny. Dobrze wymieszaj, aż mieszanina utworzy gładką pastę. Dopraw pastę solą i pieprzem. W razie potrzeby możesz dostosować przyprawy.
f) Podawaj gotowanego łososia na dużym talerzu i posyp pastą ze świeżych ziół.

62. Łosoś w glazurze miodowo-musztardowej

Porcje: 4 porcje

Składniki:
- 4 filety z łososia o grubości 1 cala
- 5 łyżek musztardy Dijon
- 5 łyżek czystego miodu
- 2 łyżki jasnego sosu sojowego
- 2 łyżki masła, odmiana niesolona
- 2 łyżki czosnku, posiekanego
- Sól i pieprz do smaku
- Olej rzepakowy
- Świeżo posiekane liście tymianku

Wskazówki:
a) Filety z łososia doprawiamy solą i pieprzem. Posmaruj lub spryskaj formę do pieczenia olejem rzepakowym, następnie połóż łososia skórą do dołu.
b) W średniej misce wymieszaj musztardę Dijon, czysty miód i sos sojowy. Dodajemy posiekany czosnek i dobrze mieszamy.
c) Rozsmaruj mieszaninę obficie po obu stronach filetów z łososia za pomocą pędzla do ciasta.
d) Posyp łososia listkami tymianku.
e) Gotuj łososia w temperaturze 450 F przez 20 minut. W razie potrzeby dolać pozostałą mieszankę miodowo-musztardową. Piec łososia do pożądanego stopnia wysmażenia.
f) Natychmiast przełóż na talerz i połóż na wierzchu kilka listków tymianku.

63. Łosoś Chrzanowy

Porcje: 4 porcje

Składniki:
Filet z łososia
- 8 filetów z łososia o grubości 1 cala
- 3 łyżki sosu chrzanowego
- 3 łyżki jasnego sosu sojowego
- 3 łyżki oliwy z oliwek, odmiana extra virgin
- 2 łyżki czosnku, posiekanego
- Sól i pieprz do smaku

sos chrzanowy
- 1 łyżka jasnego sosu sojowego
- 2 łyżki soku z cytryny, świeżo wyciśniętego
- 3 łyżki sosu chrzanowego
- 1 szklanka kwaśnej śmietany
- 2 łyżki majonezu, odmiana o obniżonej zawartości tłuszczu

Wskazówki:
a) W średniej misce wrzuć wszystkie składniki i dobrze wymieszaj. Przykryj plastikową folią i pozostaw do schłodzenia w lodówce na co najmniej godzinę.
b) W osobnej misce wymieszaj sos chrzanowy, oliwę, sos sojowy i czosnek. Doprawiamy solą i pieprzem, w razie potrzeby doprawiamy.
c) Ułóż filety z łososia w dużej formie do pieczenia lub na ruszcie grillowym. Nasmaruj patelnię lub ruszt grillowy. Tak przygotowaną mieszanką posmaruj filety z łososia z obu stron.
d) Piec łososia przez co najmniej 20 minut. Jeśli używasz rusztu do grillowania, pozwól łososiowi smażyć się przez 5 minut z każdej strony.
e) Filety rybne podawaj natychmiast z białym ryżem. Aby uzyskać zdrowszą opcję, możesz podać brązowy ryż razem z łososiem. Podawać z dodatkiem schłodzonego sosu chrzanowego.

64. Ciepła sałatka z łososia i ziemniaków

Porcje: 3-4 porcje

Całkowity czas przygotowania: 30 minut

Składniki:
- 3 filety z łososia o grubości 1 cala i bez skóry
- 4 duże ziemniaki, pokrojone na kawałki wielkości kęsa
- Garść liści rukoli i szpinaku
- ¾ szklanki kwaśnej śmietany
- 2 łyżki soku z cytryny
- 2 łyżki czystego miodu
- 2 łyżeczki musztardy Dijon
- 1 łyżeczka czosnku, posiekanego
- Sól i pieprz do smaku
- Liście kolendry do dekoracji

Wskazówki:
a) Łososia lekko dopraw solą i pieprzem. Zawiń w folię i ułóż w naczyniu do pieczenia. Gotuj przez 15-20 minut w temperaturze 420 F lub do momentu całkowitego ugotowania.
b) W średniej wielkości garnku ugotuj pokrojone ziemniaki do miękkości. Natychmiast odcedź i odłóż na bok.
c) W dużej misce sałatkowej wymieszaj śmietanę, sok z cytryny, miód, musztardę i czosnek. Dokładnie wymieszaj wszystkie składniki. Dodać sól i pieprz do smaku.
d) Liście sałaty porwij ręcznie i wrzuć do miski. Dodaj ugotowane ziemniaki.
e) Ugotowanego łososia pokrój na kawałki wielkości kęsa i wrzuć do salaterki. Dobrze wymieszaj składniki.
f) Przed podaniem posypujemy odrobiną świeżo posiekanej kolendry.

65. Łosoś w jednym garnku z ryżem i groszkiem

Porcje: 4 porcje

Składniki:
- 1 szklanka ryżu białego, odmiany długoziarnistej
- 2 szklanki wody
- 1-funtowy łosoś, pozbawiony skóry i pokrojony na 4 kawałki
- ½ szklanki groszku cukrowego
- 6 łyżek jasnego sosu sojowego
- 2 łyżki octu ryżowego
- 1 1-calowa gałka świeżego imbiru, starta
- 1 łyżka brązowego cukru
- Sól i pieprz do smaku
- ½ szklanki świeżo posiekanej dymki

Wskazówki:
a) Umyj ryż zgodnie z instrukcją na opakowaniu. Na średniej wielkości patelni wymieszaj ryż z wodą i załóż pokrywkę. Doprowadzić mieszaninę do wrzenia na małym lub średnim ogniu przez 10 minut.
b) Łososia doprawiamy solą i pieprzem. Następnie natychmiast dodaj na wierzch ryżu.
c) Gotuj łososia, aż ryż wchłonie całą wodę.
d) Dodaj groszek cukrowy i przykryj patelnię jeszcze na 5 minut. Sprawdź, czy groszek jest już miękki, a łosoś osiągnął pożądaną konsystencję.
e) W małej misce wymieszaj sos sojowy, ocet, dymkę, imbir i cukier. W razie potrzeby dostosuj przyprawy.
f) Przełóż łososia, ryż i groszek cukrowy na talerz i podawaj razem z sosem. Posyp łososia i ryż świeżo posiekaną dymką.

66. Łosoś pieczony w czosnku z pomidorami i cebulą

Porcje: 6 porcji

Składniki:
- 6 filetów z łososia bez skóry
- 4 duże pomidory przekrojone na połówki
- 3 średniej wielkości czerwone cebule, pokrojone na ćwiartki
- 2 łyżki oliwy z oliwek z pierwszego tłoczenia
- 1 łyżeczka papryki w proszku
- 1 duża główka czosnku, posiekana
- 10 gałązek świeżego tymianku
- 1 łyżka niesolonego masła
- Sól i pieprz do smaku

Wskazówki:
a) Wcieraj niesolone masło do dużego naczynia do pieczenia i upewnij się, że naczynie jest równomiernie nim pokryte.
b) W naczyniu do pieczenia ułóż filety z łososia, pomidory i cebulę.
c) Skropić oliwą z pierwszego tłoczenia i dodać odrobinę soli i pieprzu. Posyp odrobinę papryki w proszku po obu stronach łososia.
d) Do łososia dodać posiekany czosnek i świeży tymianek.
e) Gotuj łososia przez 10-12 minut w temperaturze 200°C. Aby sprawdzić, czy łosoś jest upieczony, nakłuj go widelcem i zobacz, czy płatki łatwo się rozpadają.
f) Natychmiast przełóż łososia i warzywa na półmisek. Dla dodatkowej świeżości wrzuć kilka listków tymianku.

67. Pieczony łosoś z sosem z czarnej fasoli

Porcje: 4 porcje

Składniki:
- 4 filety z łososia, usunięto skórę i ości
- 3 łyżki sosu z czarnej fasoli lub sosu z czarnej fasoli i czosnku
- ½ szklanki bulionu z kurczaka (lub bulionu warzywnego jako zdrowszy zamiennik)
- 3 łyżki czosnku, posiekanego
- 1 1-calowa gałka świeżego imbiru, starta
- 2 łyżki sherry lub sake (lub dowolnego wina do gotowania)
- 1 łyżka soku z cytryny, świeżo wyciśniętego
- 1 łyżka sosu rybnego
- 2 łyżki brązowego cukru
- ½ łyżeczki płatków czerwonego chili
- Świeże liście kolendry, drobno posiekane
- Dymka cebulowa jako dekoracja

Wskazówki:
a) Dużą formę do pieczenia natłuszczamy lub wykładamy papierem do pieczenia. Rozgrzej piekarnik do 350F.
b) W średniej misce połącz bulion z kurczaka i sos z czarnej fasoli. Dodajemy przeciśnięty przez praskę czosnek, starty imbir, sherry, sok z cytryny, sos rybny, brązowy cukier i płatki chili. Dokładnie wymieszaj, aż brązowy cukier całkowicie się rozpuści.
c) Filety z łososia polej sosem z czarnej fasoli i poczekaj, aż łosoś całkowicie wchłonie mieszankę czarnej fasoli, przez co najmniej 15 minut.
d) Przełożyć łososia do naczynia do zapiekania. Gotuj przez 15-20 minut. Upewnij się, że łosoś nie wyschnie w piekarniku.
e) Podawać z posiekaną kolendrą i szczypiorkiem.

68. Ciasteczka Rybne z Łososiem Z Ryżem Warzywnym

Porcje: 4 porcje

Całkowity czas przygotowania: 30 minut

Składniki:

Ciasteczka Łososiowe
- 2 puszki różowego łososia, odsączone
- 1 duże jajko
- ½ szklanki bułki tartej panko
- ½ łyżki skrobi kukurydzianej
- 2 łyżki kaparów, odsączonych
- 3 łyżki posiekanej dymki lub natki pietruszki
- Sól i pieprz do smaku
- Olej roślinny do smażenia

Ryż Warzywny
- 1 szklanka brązowego ryżu, niegotowanego
- ½ szklanki zielonego groszku
- ¼ szklanki startej marchewki
- ¼ szklanki słodkiej kukurydzy
- 3 łyżki dymki
- 2 łyżki soku z cytryny, świeżo wyciśniętego

Wskazówki:
a) Połącz wszystkie składniki na placki z łososia w blenderze lub robocie kuchennym. Dobrze wymieszaj, aż utworzy się gruba pasta.
b) Pozostaw mieszaninę do ostygnięcia w lodówce na 20 minut.
c) Gdy mieszanina będzie już lekko zwarta, nałóż 1 łyżkę stołową na dłonie i uformuj pasztecik. Powtarzaj ten proces, aż wszystkie placki z łososia zostaną uformowane i uformowane.
d) Na dużej patelni rozgrzej odrobinę oleju roślinnego i smaż placki z łososia na chrupiący złoty kolor.

e) Gdy masa na paszteciki znajduje się w lodówce, ugotuj brązowy ryż zgodnie z instrukcją na opakowaniu. Dodaj zielony groszek, marchewkę i kukurydzę do urządzenia do gotowania ryżu, gdy cała woda zostanie wchłonięta. Wymieszaj ryż z warzywami i poczekaj, aż pozostała para ugotuje warzywa. Dodajemy świeżo wyciśnięty sok z cytryny.

f) Przed podaniem posyp ryż warzywny świeżo posiekaną zieloną cebulą. Podawać z chrupiącymi ciastami z łososia na boku.

69. Łosoś sojowy imbirowy

Porcje: 4 porcje

Składniki:
- 4 filety z łososia, usunięto skórę i ości
- 4 łyżki świeżego imbiru, startego
- 2 łyżki czosnku, posiekanego
- 1 łyżka brązowego cukru
- 2 łyżki czystego miodu
- 1 łyżeczka musztardy Dijon
- ½ szklanki świeżego soku pomarańczowego
- 3 łyżki jasnego sosu sojowego
- Drobno starta skórka pomarańczowa
- Sól i pieprz do smaku
- 1 łyżka oliwy z oliwek z pierwszego tłoczenia

Wskazówki:
a) W średniej lub dużej misce wymieszaj sok pomarańczowy, miód, sos sojowy, skórkę pomarańczową, musztardę, cukier, czosnek i imbir, aż dobrze się połączą. Wymieszać ze świeżo startą skórką pomarańczową. Połowę tej mieszanki wylej na łososia.

b) Rozgrzej piekarnik do 350F. Łososia dopraw świeżo mielonym pieprzem i solą, a następnie równomiernie posmaruj oliwą z oliwek.

c) Łososia ułóż w naczyniu do zapiekania i piecz przez 15-20 minut.

d) Do małego lub średniego rondla wlać drugą połowę mieszanki i doprowadzić do wrzenia. Następnie ciągle mieszaj mieszaninę przez 5 minut lub do momentu, aż sos zgęstnieje.

e) Sosem polej łososia. Udekoruj świeżo posiekaną kolendrą lub szczypiorkiem.

70. Łosoś z sosem kokosowym chili

Porcje: 6 porcji

Składniki:
- 6 filetów z łososia
- 2 łyżki niesolonego masła
- 1 łyżka oliwy z oliwek z pierwszego tłoczenia
- 4 ząbki czosnku, posiekane
- 4 łyżki białej cebuli, posiekanej
- 1 1-calowa gałka imbirowa, starta
- 2 szklanki czystego mleka kokosowego
- 2 łyżki czerwonej papryczki chili, grubo posiekanej
- 3 łyżki posiekanej kolendry
- Sól i pieprz do smaku

Wskazówki:
a) Filety z łososia dopraw świeżo mielonym pieprzem i solą.
b) Na małym lub średnim ogniu rozgrzej masło i oliwę z oliwek, następnie natychmiast wrzuć czosnek, cebulę i imbir do dużego rondla. Mieszaj ciągle i gotuj przez 2 minuty lub do momentu, aż przyprawy zaczną pachnieć. Dodaj papryczki chili, aby uzyskać ognisty kopniak.
c) Powoli wlewaj mleko kokosowe i doprowadzaj do wrzenia. Pozostawić na wolnym ogniu przez 10 minut lub do momentu, aż sos zgęstnieje.
d) Na osobną patelnię wlewamy odrobinę oliwy i układamy filety z łososia. Smaż każdą stronę przez 5 minut na małym ogniu. Uważaj, aby nie przypalić filetów i natychmiast przełóż je na talerz.
e) Filety z łososia polej pikantnym sosem kokosowym. Posyp świeżo posiekaną kolendrą, aby uzyskać śliniący się wygląd.

71. Łosoś Grillowany Paprykowo Ze Szpinakiem

Porcje: 6 porcji

Składniki:
- 6 różowych filetów z łososia o grubości 1 cala
- ¼ szklanki soku pomarańczowego, świeżo wyciśniętego
- 3 łyżeczki suszonego tymianku
- 3 łyżki oliwy z oliwek z pierwszego tłoczenia
- 3 łyżeczki słodkiej papryki w proszku
- 1 łyżeczka cynamonu w proszku
- 1 łyżka brązowego cukru
- 3 szklanki liści szpinaku
- Sól i pieprz do smaku

Wskazówki:
a) Lekko posmaruj oliwą z każdej strony filety z łososia, następnie dopraw papryką w proszku, solą i pieprzem. Odstawić na 30 minut w temperaturze pokojowej. Pozwól, aby łosoś wchłonął paprykę.
b) W małej misce wymieszaj sok pomarańczowy, suszony tymianek, cynamon w proszku i brązowy cukier.
c) Rozgrzej piekarnik do 400F. Łososia przełóż do wyłożonej folią blaszki do pieczenia. Wlać marynatę do łososia. Gotuj łososia przez 15-20 minut.
d) Na dużej patelni dodaj łyżeczkę oliwy z oliwek z pierwszego tłoczenia i smaż szpinak przez około kilka minut lub do momentu, aż zwiędnie.
e) Podawaj pieczonego łososia ze szpinakiem na boku.

72. Łosoś Teriyaki Z Warzywami

Porcje: 4 porcje

Składniki:
- 4 filety z łososia, usunięto skórę i ości
- 1 duży słodki ziemniak (lub po prostu ziemniak), pokrojony na kawałki wielkości kęsa
- 1 duża marchewka, pokrojona w drobną kostkę
- 1 duża biała cebula, pokrojona w krążki
- 3 duże papryki (zielona, czerwona i żółta), posiekane
- 2 szklanki różyczek brokułów (można zastąpić szparagami)
- 2 łyżki oliwy z oliwek z pierwszego tłoczenia
- Sól i pieprz do smaku
- Dymka, drobno posiekana

Sos Teriyaki
- 1 szklanka wody
- 3 łyżki sosu sojowego
- 1 łyżka czosnku, posiekanego
- 3 łyżki brązowego cukru
- 2 łyżki czystego miodu
- 2 łyżki skrobi kukurydzianej (rozpuszczonej w 3 łyżkach wody)
- $\frac{1}{2}$ łyżki prażonych nasion sezamu

Wskazówki:
a) Na małej patelni ubić na małym ogniu sos sojowy, imbir, czosnek, cukier, miód i wodę. Mieszaj ciągle, aż mieszanina zacznie powoli się gotować. Dodaj wodę ze skrobi kukurydzianej i poczekaj, aż mieszanina zgęstnieje. Dodaj nasiona sezamu i odłóż na bok.
b) Nasmaruj duże naczynie do pieczenia niesolonym masłem lub sprayem kuchennym. Rozgrzej piekarnik do 400F.

c) Do dużej miski wrzuć wszystkie warzywa i skrop oliwą z oliwek. Dobrze wymieszaj, aż warzywa będą dobrze pokryte olejem. Dopraw świeżo mielonym pieprzem i odrobiną soli.
d) Przełóż warzywa do naczynia do zapiekania. Rozłóż warzywa na boki i zostaw trochę miejsca na środku naczynia do pieczenia.
e) Połóż łososia na środku naczynia do zapiekania. Do warzyw i łososia wlać 2/3 sosu teriyaki.
f) Piec łososia przez 15-20 minut.
g) Przełóż pieczonego łososia i pieczone warzywa na ładny półmisek. Polać pozostałym sosem teriyaki i udekorować posiekaną dymką.

73. Łosoś z grilla ze świeżymi brzoskwiniami

Porcje: 6 porcji

Składniki:
- 6 filetów z łososia o grubości 1 cala
- 1 duża puszka brzoskwiń pokrojonych w plasterki, odmiana w lekkim syropie
- 2 łyżki cukru białego
- 2 łyżki jasnego sosu sojowego
- 2 łyżki musztardy Dijon
- 2 łyżki niesolonego masła
- 1 1-calowa gałka świeżego imbiru, starta
- 1 łyżka oliwy z oliwek, odmiana extra virgin
- Sól i pieprz do smaku
- Świeżo posiekana kolendra

Wskazówki:
a) Odcedź pokrojone brzoskwinie i zachowaj około 2 łyżek jasnego syropu. Brzoskwinie pokroić na kawałki wielkości kęsa.
b) Filety z łososia ułożyć w dużym naczyniu do zapiekania.
c) W średnim rondlu dodaj zarezerwowany syrop brzoskwiniowy, biały cukier, sos sojowy, musztardę Dijon, masło, oliwę z oliwek i imbir. Kontynuuj mieszanie na małym ogniu, aż mieszanina nieco zgęstnieje. Dodać sól i pieprz według smaku.
d) Wyłącz ogień i obficie rozprowadź część mieszanki na filety z łososia za pomocą pędzelka.
e) Do rondla dodać pokrojone brzoskwinie i dokładnie pokryć glazurą. Polać glazurowanymi brzoskwiniami na łososia i równomiernie rozprowadzić.
f) Piec łososia przez około 10-15 minut w temperaturze 200°C. Uważaj na łososia, aby danie się nie przypaliło.
g) Przed podaniem posypujemy odrobiną świeżo posiekanej kolendry.

74. Łosoś z Kremowym Pesto

Porcje: 4 porcje

Składniki:
- 4 filety z łososia o grubości 1 cala
- ¼ szklanki pełnotłustego mleka śmietankowego
- ½ szklanki serka śmietankowego, odmiana o obniżonej zawartości tłuszczu/lekka
- 1/3 szklanki sosu bazyliowego pesto
- 2 łyżki oliwy z oliwek z pierwszego tłoczenia
- Sól i pieprz do smaku
- Świeżo posiekana natka pietruszki

Wskazówki:
a) Łososia doprawiamy solą i pieprzem. Dodaj trochę oliwy z oliwek na patelnię do grillowania i smaż łososia przez 5 minut z każdej strony lub do momentu, aż będzie ugotowany.
b) Przełóż filety z łososia na talerz.
c) W średnim rondlu rozgrzej odrobinę oliwy z oliwek, dodaj sos pesto i smaż przez 2 minuty.
d) Dodajemy mleko i serek śmietankowy i mieszamy wszystko razem. Kontynuuj mieszanie, aż serek śmietankowy całkowicie rozpuści się z sosem pesto.
e) Wlać kremowe pesto do łososia. Udekoruj świeżo posiekaną natką pietruszki.

75. Sałatka z łososia i awokado

Porcje: 4 porcje

Składniki:
- 4 filety z łososia, bez skóry
- 3 średnie awokado
- ½ szklanki ogórka, pokrojonego w cienkie plasterki
- Sól i pieprz do smaku
- 300 g liści sałaty (sałata, rukola i rzeżucha)
- Garść świeżo posiekanych liści mięty
- ½ czerwonej cebuli, pokrojonej w cienkie plasterki
- 4 łyżki czystego miodu
- 3 łyżki oliwy z oliwek z pierwszego tłoczenia
- 3 łyżki soku z cytryny, świeżo wyciśniętego

Wskazówki:
a) Łososia lekko dopraw solą i pieprzem.
b) Piecz lub grilluj łososia w temperaturze 200°F przez 15-20 minut lub do momentu uzyskania pożądanego efektu. Odłóż na chwilę.
c) W dużej misce sałatkowej wymieszaj sok z cytryny, miód i oliwę z oliwek. Dopraw solą i pieprzem i w razie potrzeby dostosuj smak.
d) Awokado pokroić na kawałki wielkości kęsa i włożyć do salaterki.
e) Do miski dodaj zieloną sałatę, czerwoną cebulę i liście mięty.
f) Filety z łososia pokroić na kawałki wielkości kęsa. Wrzuć je do miski. Dobrze wymieszaj wszystkie składniki.

76. Zupa Warzywna z Łososiem

Porcje: 4 porcje

Składniki:
- 2 filety z łososia, pozbawione skóry i pokrojone na kawałki wielkości kęsa
- 1 ½ szklanki białej cebuli, drobno posiekanej
- 1 ½ szklanki słodkich ziemniaków, obranych i pokrojonych w kostkę
- 1 szklanka różyczek brokułów, pokrojonych na małe kawałki
- 3 szklanki bulionu z kurczaka
- 2 szklanki pełnego mleka
- 2 łyżki mąki uniwersalnej
- 1 łyżeczka suszonego tymianku
- 3 łyżki niesolonego masła
- 1 liść laurowy
- Sól i pieprz do smaku
- Natka pietruszki płaska, drobno posiekana

Wskazówki:
a) Smaż posiekaną cebulę na niesolonym maśle, aż będzie przezroczysta. Wsypać mąkę i dobrze wymieszać z masłem i cebulą. Wlać bulion z kurczaka i mleko, następnie dodać kostki słodkich ziemniaków, liść laurowy i tymianek.
b) Pozostaw mieszaninę na wolnym ogniu przez 5-10 minut, od czasu do czasu mieszając.
c) Dodaj różyczki łososia i brokułów. Następnie gotuj przez 5-8 minut.
d) Dopraw solą i pieprzem, w razie potrzeby dostosuj smak.
e) Przełóż do małych miseczek i udekoruj posiekaną natką pietruszki.

77. Kremowy makaron z wędzonym łososiem

Porcje: 2 porcje

Składniki:
- 2 duże filety z wędzonego łososia, pokrojone na małe kawałki
- ¾ szklanki startego parmezanu
- ½ szklanki kremu uniwersalnego
- 1 duża czerwona cebula, drobno posiekana
- 3 łyżki niesolonego masła
- 2 łyżki świeżego czosnku, posiekanego
- 2 łyżki pełnotłustego mleka śmietankowego
- 1 łyżka oliwy z oliwek z pierwszego tłoczenia
- 250 gramów makaronu fettuccine lub spaghetti
- Sól i pieprz do smaku
- Świeża pietruszka jako dodatek

Wskazówki:
a) Na średnim ogniu zagotuj wodę w średnim lub dużym garnku. Następnie dodaj fettuccine (lub makaron spaghetti) i gotuj przez 10-12 minut lub do momentu, aż będzie twarda po ugryzieniu. Zarezerwuj ½ szklanki wody z makaronu i odłóż na bok.

b) Na dużej patelni rozpuść masło i oliwę z oliwek. Dodaj cebulę i czosnek i smaż, aż cebula stanie się przezroczysta.

c) Dodać śmietanę i mleko i doprowadzić do powolnego wrzenia.

d) Dodaj parmezan i kontynuuj mieszanie sosu, aż ser dobrze połączy się z sosem. Doprawić świeżo mielonym pieprzem.

e) Do sosu powoli dodawaj wodę z makaronu i gotuj na wolnym ogniu. Wyłącz ogień, gdy zaczną tworzyć się bąbelki.

f) Makaron dobrze odcedzamy i dodajemy na patelnię. Dobrze wymieszaj makaron i sos, następnie dodaj płatki wędzonego łososia.

g) Podawać natychmiast na gorąco, udekorować świeżo posiekaną natką pietruszki i tartym parmezanem.

78. Czerniony łosoś z mieszanym ryżem warzywnym

Porcje: 4 porcje

Składniki:
Łosoś
- 4 filety z łososia, pozbawione skóry
- 1 łyżeczka słodkiej papryki
- 1 łyżeczka suszonego oregano
- 1 łyżeczka suszonego tymianku
- 1 łyżeczka kminku w proszku
- ½ łyżeczki mielonego kopru włoskiego
- 1 łyżka oliwy z oliwek z pierwszego tłoczenia
- 1 łyżka niesolonego masła

Ryż
- 2 szklanki ryżu jaśminowego
- 3 ½ szklanki wody
- ½ szklanki słodkiej kukurydzy
- 1 duża biała cebula, drobno posiekana
- 1 duża zielona papryka, drobno posiekana
- ½ szklanki liści kolendry, drobno posiekanych
- ¼ szklanki dymki, drobno posiekanej
- ½ szklanki czarnej fasoli, dobrze odsączonej
- ½ łyżeczki wędzonej hiszpańskiej papryki
- 2 łyżki soku z limonki, świeżo wyciśniętego
- 1 łyżka oliwy z oliwek z pierwszego tłoczenia

Wskazówki:
a) W płytkiej, średniej misce wymieszaj wszystkie przyprawy do łososia. Lekko dopraw solą i pieprzem i dostosuj smak według własnych upodobań. Posmaruj każdego łososia mieszanką przypraw. Odłóż na bok i pozwól, aby łosoś wchłonął wszystkie smaki.

b) Rozgrzej oliwę z oliwek w średnim garnku na małym ogniu. Dodaj cebulę, słodką kukurydzę i paprykę; mieszać, aż cebula stanie się przezroczysta. Dodać paprykę i mieszać przez 2 minuty. Zalać wodą i dodać ryż jaśminowy. Doprowadzić do powolnego wrzenia i przykryć garnek. Gotuj przez 15-20 minut lub do momentu, aż ryż całkowicie wchłonie całą wodę. Odstawić na 5 minut.

c) Do ugotowanego ryżu dodaj czarną fasolę, kolendrę, szczypiorek i sok z limonki. Dokładnie wymieszać.
d) Na patelni na średnim ogniu rozgrzej oliwę z oliwek i masło. Smaż łososia po 8-10 minut z każdej strony.
e) Ułożyć na półmisku razem z ryżem mieszanym z warzywami.

79. Łosoś imbirowy z salsą z melona spadziowego

Porcje: 4 porcje

Składniki:
- 4 filety z łososia, bez skóry
- 2 szklanki melona spadziowego, pokrojonego w małą kostkę
- 2 łyżki soku z cytryny, świeżo wyciśniętego
- ¼ szklanki świeżo posiekanych liści kolendry
- 2 łyżki liści mięty, drobno posiekanych
- 1 łyżeczka płatków czerwonego chilli
- 3 łyżki świeżego imbiru, startego
- 2 łyżeczki curry w proszku
- 2 łyżki oliwy z oliwek z pierwszego tłoczenia
- Sól i biały pieprz do smaku

Wskazówki:
a) Połącz melon spadziowy, kolendrę, miętę, sok z cytryny i płatki chili w średniej misce. Doprawiamy solą i pieprzem, w razie potrzeby doprawiamy.
b) Salsę schłodź w lodówce przez co najmniej 15 minut.
c) W osobnej misce wymieszaj starty imbir, curry, sól i pieprz. Rozsmaruj tę mieszaninę po obu stronach filetów z łososia.
d) Odstawić na 5 minut, aby ryba się zamarynowała.
e) Rozgrzej oliwę z oliwek na małym lub średnim ogniu. Smaż łososia przez 5-8 minut z każdej strony lub do momentu, aż ryba stanie się nieprzezroczysta w środku.
f) Podawaj łososia z dodatkiem schłodzonej salsy melonowej.

80. Łosoś w stylu azjatyckim z makaronem

Porcje: 4 porcje

Składniki:

Łosoś
- 4 filety z łososia, pozbawione skóry
- 2 łyżki oleju z prażonego sezamu
- 2 łyżki czystego miodu
- 3 łyżki jasnego sosu sojowego
- 2 łyżki białego octu
- 2 łyżki czosnku, posiekanego
- 2 łyżki świeżego imbiru, startego
- 1 łyżeczka prażonych nasion sezamu
- Posiekana cebula dymka do dekoracji

Makaron ryżowy
- 1 opakowanie azjatyckiego makaronu ryżowego

Sos
- 2 łyżki sosu rybnego
- 3 łyżki soku z limonki, świeżo wyciśniętego
- Płatki chili

Wskazówki:

a) Do marynaty z łososia połącz olej sezamowy, sos sojowy, ocet, miód, zmielony czosnek i nasiona sezamu. Wlać do łososia i pozostawić rybę do marynowania na 10-15 minut.

b) Łososia ułożyć w naczyniu do zapiekania lekko wysmarowanym oliwą z oliwek. Gotuj przez 10-15 minut w temperaturze 420F.

c) Gdy łosoś jest w piekarniku, ugotuj makaron ryżowy zgodnie z instrukcją na opakowaniu. Dobrze odcedź i przełóż do osobnych misek.

d) Wymieszaj sos rybny, sok z limonki i płatki chili i wlej do makaronu ryżowego.

e) Każdą miskę z makaronem posyp świeżo upieczonymi filetami z łososia. Udekoruj dymką i ziarnami sezamu.

81. Ryż cytrynowy z smażonym łososiem

Porcje: 4 porcje

Składniki:

Ryż
- 2 szklanki ryżu
- 4 szklanki bulionu z kurczaka
- ½ łyżeczki białego pieprzu
- ½ łyżeczki czosnku w proszku
- 1 mała biała cebula, drobno posiekana
- 1 łyżeczka drobno startej skórki z cytryny
- 2 łyżki soku z cytryny, świeżo wyciśniętego

Łosoś
- 4 filety z łososia, usunięte ości
- Sól i pieprz do smaku
- 2 łyżki oliwy z oliwek z pierwszego tłoczenia

Sos Koperkowy
- ½ szklanki jogurtu greckiego, odmiana o niskiej zawartości tłuszczu
- 1 łyżka soku z cytryny, świeżo wyciśniętego
- 1 łyżka szczypiorku, drobno posiekana
- 2 łyżki świeżych liści koperku, drobno posiekanych
- 1 łyżeczka świeżej skórki z cytryny

Wskazówki:
a) Wszystkie składniki na sos koperkowy wymieszaj w małej misce. Włóż do lodówki na co najmniej 15 minut.
b) W średniej wielkości garnku zagotuj bulion z kurczaka. Dodajemy ryż, czosnek, cebulę i biały pieprz i delikatnie mieszamy.

c) Przykryj garnek i gotuj, aż ryż wchłonie cały bulion z kurczaka.

d) Gdy bulion zostanie wchłonięty, dodać skórkę i sok z cytryny i dobrze wymieszać do połączenia. Załóż pokrywkę i gotuj ryż jeszcze przez 5 minut.

e) Na dużej patelni rozgrzej oliwę z oliwek na małym ogniu. Przed smażeniem dopraw łososia solą i pieprzem. Gotuj łososia przez 5-8 minut z każdej strony lub do momentu uzyskania pożądanego stopnia wysmażenia.

f) Podawaj smażonego łososia z ryżem i sosem.

82. Sałatka z makaronem z łososiem i awokado z Alaski

Wydajność: 4 porcje

Składnik
- 6 uncji suchego makaronu
- 1 puszka łososia z Alaski
- 2 łyżki sosu francuskiego
- 1 pęczek zielonej cebuli; cienko pokrojony
- 1 Czerwona papryka
- 3 łyżki kolendry lub pietruszki; posiekana
- 2 łyżki lekkiego majonezu
- 1 limonka; wyciśnięty sok i starta skórka
- 1 łyżka koncentratu pomidorowego
- 3 Dojrzałe awokado; pokrojone w kostkę
- $\frac{1}{2}$ szklanki kwaśnej śmietany
- Liście sałaty do podania
- Papryka do smaku

Wskazówki:
a) Ugotuj makaron zgodnie z instrukcją na opakowaniu. Odcedź i polej dressingiem francuskim. Pozwól ostygnąć. Odcedzić i rozdrobnić łososia. Dodaj do makaronu z zieloną cebulą, pokrojoną w plasterki papryką i kolendrą.
b) Wymieszaj sok z limonki i startą skórkę, majonez, kwaśną śmietanę i koncentrat pomidorowy, aż dokładnie się połączą. Sałatkę z makaronem polej dressingiem. Doprawić do smaku solą i pieprzem; przykryć i ostudzić. Przed podaniem delikatnie wrzuć awokado do sałatki.
c) Połóż sałatkę na liściach sałaty. Posypać papryką dla dekoracji.

83. Kanapka z sałatką z łososia z Alaski

Wydajność: 6 kanapek

Składnik
- 15½ uncji Łosoś z Alaski w puszce
- ⅓ szklanki zwykłego, odtłuszczonego jogurtu
- ⅓ szklanki posiekanej zielonej cebuli
- ⅓ szklanki posiekanego selera
- 1 łyżka soku z cytryny
- Czarny pieprz; do smaku
- 12 kromek chleba

Wskazówki:
a) Odcedzić i rozdrobnić łososia. Wymieszaj pozostałe składniki oprócz pieprzu i chleba. Doprawiamy pieprzem do smaku.
b) Rozsmaruj mieszankę łososia na połowie kromek chleba; posypać pozostałym chlebem. Kanapki przekrój na połówki lub ćwiartki.
c) Robi 6 kanapek.

84. Sałatka z wędzonym łososiem, ogórkiem i makaronem

Wydajność: 3 porcje

Składnik
- 3 uncje cienkiego spaghetti; gotowany
- ½ ogórka; poćwiartowane/pokrojone w plasterki
- 3 duże gałązki świeżego koperku
- 1 szklanka sałaty liściastej; rozdarty wielkości kęsa
- 1 lub 2 zielone cebule z odrobiną wierzchołków; pokrojony
- 3 uncje wędzonego łososia; płatkowane (do 4)
- ¼ szklanki kwaśnej śmietany beztłuszczowej lub o niskiej zawartości tłuszczu
- 2 łyżki jogurtu beztłuszczowego; (zwykły)
- 1 łyżka soku z cytryny
- 1 Pomidor; w klinach
- Świeże gałązki pietruszki

Wskazówki:
a) Makaron ugotować we wrzącej, osolonej wodzie. W międzyczasie w średniej misce wymieszaj resztę składników sałatki, zostawiając kilka płatków łososia do dekoracji. W małej misce połącz składniki dressingu.
b) Wystudzony makaron wymieszać z pozostałymi składnikami sałatki. Dodać dressing i lekko wymieszać. Udekoruj zarezerwowanymi płatkami łososia, pomidorami i natką pietruszki. Chłod.
c) Wyjąć z lodówki na 10 minut przed podaniem.

85. Karmelizowany łosoś na ciepłej sałatce ziemniaczanej

Wydajność: 4 porcje
Składnik
- 2 łyżki oliwy z oliwek
- ½ funta mielonej kiełbasy andouille
- 2 szklanki cebuli julienne
- 1 sól; do smaku
- 1 świeżo zmielony czarny pieprz; do smaku
- 1 łyżka posiekanego czosnku
- 2 funty białych ziemniaków; obrane, pokrojone w drobną kostkę,
- 1 i gotować do miękkości
- ¼ szklanki musztardy kreolskiej
- ¼ szklanki posiekanej zielonej cebuli; tylko część zielona
- 8 filetów z łososia
- 1 wybuch bayou
- 2 szklanki granulowanego cukru
- 2 łyżki drobno posiekanych świeżych liści pietruszki

Wskazówki:
a) Na dużej patelni, na średnim ogniu, dodaj łyżkę oleju.
b) Gdy olej będzie gorący, dodaj kiełbasę. Smaż kiełbasę przez 2 minuty. Dodaj cebulę. Doprawić solą i pieprzem. Smaż cebulę przez 4 minuty lub do miękkości. Wmieszać czosnek i ziemniaki.
c) Doprawić solą i pieprzem. Kontynuuj smażenie przez 4 minuty. Wymieszaj musztardę i zieloną cebulę. Zdjąć z ognia i odstawić. Dopraw obie strony łososia Bayou Blast.
d) Obtocz łososia w cukrze, całkowicie go pokrywając. Na dwóch dużych patelniach rozgrzej pozostały olej. Dodaj łososia i smaż przez około 3 minuty z każdej strony lub do momentu, aż łosoś się skarmelizuje.
e) Na środku każdego talerza ułóż ciepłą sałatkę ziemniaczaną. Połóż łososia na sałatce. Udekoruj pietruszką.

86. Sałatka z zastygłego łososia

Wydajność: 6 porcji

Składnik
- 2 łyżki niesmakowanej żelatyny
- ¼ szklanki zimnej wody
- 1 szklanka wrzącej wody
- 3 łyżki świeżo wyciśniętego soku z cytryny
- 2 szklanki płatków łososia
- ¾ szklanki sosu sałatkowego lub majonezu
- 1 szklanka pokrojonego w kostkę selera
- ¼ szklanki posiekanej zielonej papryki
- 1 łyżeczka mielonej cebuli
- ½ łyżeczki soli
- 1 kropla pieprzu

Wskazówki:
a) Zmiękczyć żelatynę w zimnej wodzie; dodać wrzącą wodę, następnie dokładnie schłodzić. Dodać sok z cytryny, łososia, sos sałatkowy lub majonez i przyprawy.
b) Wlać do natłuszczonej formy i schłodzić, aż masa stężeje.
Wydajność: 6 porcji.

87. Fajna sałatka dla miłośników łososia

Wydajność: 4 porcje

Składnik
- 1 funt Ugotowany łosoś królewski lub coho; rozbity na kawałki
- 1 szklanka pokrojonego selera
- ½ szklanki grubo posiekanej kapusty
- 1 ¼ szklanki majonezu lub sosu sałatkowego; (do 1 1/2)
- ½ szklanki słodkiego przysmaku z marynat
- 1 łyżka gotowego chrzanu
- 1 łyżka drobno posiekanej cebuli
- ¼ łyżeczki soli
- 1 kropla pieprzu
- Liście sałaty; liście rzymskie lub cykoria
- Pokrojone rzodkiewki
- Plasterki koperkowo-marynowane
- Bułki lub krakersy

Wskazówki:
a) Używając dużej miski, delikatnie wymieszaj łososia, seler i kapustę.
b) W drugiej misce wymieszaj majonez lub sos sałatkowy, przyprawę marynowaną, chrzan, cebulę, sól i pieprz. Dodaj go do mieszanki łososia i wymieszaj. Sałatkę przykryć i schłodzić do momentu podania (do 24 godzin).
c) Wyłóż miskę sałatkową zieleniną. Łyżką wmieszaj mieszankę łososiową. Posyp rzodkiewkami i piklami koperkowymi. Sałatkę podawaj z bułeczkami lub krakersami.
d) Na 4 porcje dania głównego.

88. Sałatka z łososiem koperkowym

Wydajność: 6 porcji

Składnik
- 1 szklanka zwykłego, beztłuszczowego jogurtu
- 2 łyżki drobno posiekanego świeżego koperku
- 1 łyżka octu z czerwonego wina
- Sól i świeżo zmielony pieprz
- 1 2-funtowy filet z łososia (o grubości 1 cala) oczyszczony ze skóry i ścięgien
- 1 łyżka oleju rzepakowego
- ½ łyżeczki soli
- ½ łyżeczki świeżo zmielonego pieprzu
- 1 średni ogórek
- Sałata kędzierzawa
- 4 Dojrzałe pomidory; drobno pokrojone
- 2 średnie cebule czerwone; obrane, pokrojone w cienkie plasterki i podzielone na pierścienie
- 1 cytryna; przekrojone wzdłuż na pół i pokrojone w cienkie plasterki

Wskazówki:
a) Przygotuj dressing: wymieszaj jogurt, koperek, ocet, sól i pieprz. Zamrażać. Przygotuj sałatkę: Łososia posyp z obu stron oliwą, solą i pieprzem.
b) Rozgrzej grill, aż będzie bardzo gorący. Połóż łososia na grillu i smaż pod przykryciem, aż się zrumieni, około 3,5 minuty z każdej strony. Przełożyć na talerz i odstawić na co najmniej 5 minut. Pokrój w ½-calowe plasterki.
c) Łososia włóż do miski i polej dressingiem. Przykryj i przechowuj w lodówce. Tuż przed podaniem ogórka obierz i przekrój wzdłuż na pół. Za pomocą małej łyżeczki zeskrob ze środka, aby usunąć nasiona. Cienko pokroić.
d) Ułóż mieszankę łososia na środku dużego talerza wyłożonego liśćmi sałaty. Otocz ogórkiem, pomidorami, cebulą i plasterkami cytryny. W razie potrzeby udekoruj dodatkowym koperkiem.

89. Łosoś z chrupiącymi ziołami i sałatką orientalną

Wydajność: 1 porcja

Składnik
- 160 gramów filetu z łososia
- 5 gramów chińskiego proszku pięciu przypraw
- 15 mililitrów sosu sojowego
- 10 gramów pomidora; Pokrojone w kostkę
- 2 łyżeczki winegretu
- 20 mililitrów oliwy z oliwek
- 40 gramów mieszanej sałaty liściastej
- 5 gramów smażonej w głębokim tłuszczu bazylii, kolendry i pietruszki
- 10 gramów kasztanów wodnych; Pokrojony
- 10 gramów obranej czerwonej i zielonej papryki; Julienned
- Sól i Czarny Pieprz

Wskazówki:
a) Łosoś marynowany w sosie sojowym i pięciu smakach. Smażymy na niewielkiej ilości oliwy i smażymy powoli z obu stron.
b) Ubierz liście sałaty. Na talerzu ułóż kasztany wodne, na wierzch połóż łososia i posyp pieprzem liście sałaty.

90. Sałatka z łososia na wyspie

Wydajność: 1 porcja

Składnik
- 8 uncji łososia lub innego twardego fileta rybnego
- 1 łyżka oliwy z oliwek
- 1 łyżka soku z limonki lub cytryny
- 1 łyżeczka przyprawy Cajun lub Jamaican Jerk
- 6 filiżanek podartych mieszanych warzyw
- 2 średnie pomarańcze; obrane i podzielone na kawałki
- 1 szklanka truskawek; o połowę
- 1 średnie awokado; przekrojone na pół, pozbawione nasion, obrane i pokrojone w plasterki
- 1 średnie mango; pozbawione nasion, obrane, pokrojone w plasterki
- $\frac{1}{4}$ szklanki posiekanych orzechów makadamia lub migdałów; Opieczony
- Miseczki Tortilla
- Sos estragonowo-maślany
- Loki ze skórki limonki

Wskazówki:
a) Rybę posmarować olejem, skropić sokiem z limonki lub cytryny i doprawić. Umieścić w natłuszczonym koszu grillowym. Grilluj przez 4-6 minut na każde $\frac{1}{2}$ cala grubości lub do momentu, aż ryba będzie łatwo się łuszczyć, obracając raz. Rybę rozerwij na kawałki wielkości kęsa.

b) Połącz rybę, warzywa, pomarańcze, truskawki, awokado i orzechy w dużej misce do miksowania: delikatnie wymieszaj. Nałóż łyżką do misek tortilli i skrop dressingiem.

c) W razie potrzeby udekoruj każdą porcję plasterkiem skórki limonki.

WNIOSEK

Świeży lub mrożony, wszyscy kochamy łososia! Chociaż trzeba przyznać, że świeże zawsze jest najsmaczniejsze. Szczerze mówiąc, nie ma znaczenia, jakiego rodzaju użyjesz do tych przepisów.
Poza tym łosoś jest super zdrowy, ponieważ jest pełen dobrych tłuszczów, które są dobre dla paznokci, skóry i włosów; więc nie ma wymówek, żebyś nie zabrał się za gotowanie.

www.ingramcontent.com/pod-product-compliance
Lightning Source LLC
Chambersburg PA
CBHW050357120526
44590CB00015B/1722